KB214591

오 늘 을   위 한

하이델베르크 교리문답

M. Craig Barnes

Body & Soul

Reclaiming the Heidelberg Catechism

오 늘 을 위 한
하이델베르크 교리문답

크레이그 반즈 지음 | 장호준 옮김

복 있는 사람

오늘을 위한 하이델베르크 교리문답

2016년 5월 26일 초판 1쇄 인쇄
2016년 6월 2일 초판 1쇄 발행

지은이 크레이그 반즈
옮긴이 장호준
펴낸이 박종현

도서출판 복 있는 사람
주소 서울특별시 마포구 연남동 246-21(성미산로23길 26-6)
전화 02-723-7183, 7734(영업 · 마케팅) 팩스 02-723-7184
이메일 blesspjh@hanmail.net
등록 1998년 1월 19일 제1-2280호.

ISBN 978-89-6360-184-7 03230

이 도서의 국립중앙도서관 출판시도서목록(CIP)은
서지정보유통지원시스템 홈페이지(http://seoji.nl.go.kr)와 국가자료공동목록시스템
(http://www.nl.go.kr/kolisnet)에서 이용하실 수 있습니다. (CIP 제어번호: 2016012732)

Body and Soul
by M. Craig Barnes

서문

내가 어려서부터 하이델베르크 교리문답을 배우며 자란 것은 아닙니다. 대학에 가서야 개혁파 신학에 심취한 지역 교회의 한 목사님을 통해 이 신학을 접하게 되었습니다. 목사님이 매번 설교단에서 행한 설교와 그분과 함께 서재에서 커피를 마시며 나눈 대화를 통해 개혁파 신학에 깊이 젖어들었습니다. "사나 죽으나 당신의 유일한 위로는 무엇입니까?"라는 하이델베르크 교리문답의 첫 질문을 알게 해주신 것도 이 목사님이었습니다.

　함께 커피를 나누며 개혁파 신학을 이야기하는 가운데 하나님과 교회, 그리고 나 자신을 새롭게 발견해 가는 즐거움이 얼마나 컸는지 모릅니다. 그리스도를 믿기 위해서는 은혜의 역사가 먼저 있어야 하고, 우리는 섭리 가운데 하나님의 손에 붙들려 있으며, 우리의 대언자인 예수 그리스도께서 성부 앞에서 우리를 위해 간구하시고, 양자의 영이신 성령을 통해 우리가 하나님의 자녀가 된다는 사실을 알게 되었습니다. 그렇게 알게 된 지식은 나의 삶을 송두리째 바꾸어 놓았습니다. 우리의 대화에 하이델베르크 교리문답이 제3의 목소리가 되도록, 목사님은 이 교리문답을 그대로 암송하여 필요할 때마다 자유자재로 인용하셨습니다.

우리가 대화를 나눌 때마다 제1의 목소리는 성경이었습니다. 그리고 제2의 목소리는 목회자와 성도가 함께 진리를 추구해 가는 믿음의 공동체가 나누는 대화였습니다. 제3의 소중한 목소리는 바로 목사님이 인용하신 하이델베르크 교리문답이었습니다. 교리문답이 성경의 자리를 대신한 적은 한 번도 없었습니다. 하지만 하나님의 말씀에 대한 존경받는 교사로서 항상 우리가 나누는 대화의 자리에 함께 있었습니다. 지금까지도 나는 이런 방식으로 교회의 모든 신앙고백의 진술들을 이해해 가고 있습니다. 성경, 믿음의 공동체, 하이델베르크 교리문답이라고 하는 이 세 개의 목소리를 통해, 성령께서는 그리스도의 사명을 받드는 자기 백성과 교회를 새롭게 하는, 거룩한 대화의 장을 펼치고 계십니다.

급기야 나는 신학교에 가야겠다는 생각을 하게 되었습니다. 목사가 될 것인지에 대해서는 마음을 분명히 정하지 못했지만, 기독교 신앙을 놀랍도록 아름답게 그려 내는 개혁파 신학에 내 삶을 쏟아붓고 싶다는 것만은 매우 확실했습니다.

그렇게 해서 장로교 신학교에 발을 들여놓았습니다. 그러나 정작 그곳에서는 하이델베르크 교리문답에 대한 가르침을 거의 들을 수 없었습니다. 하이델베르크 교리문답이 대학원 수준의 신학교육을 위해 마련된 것은 아니었기에, 어쩌면 당연한 일이었는지도 모릅니다. 내가 신학교를 통해 여러 면에서 목회를 위해 잘 준비된 것은 사실이지만, 아쉽게도 '거룩한 말씀'과 '현재 상황'이라고 하는 두 개의 목소리 사이에서, 목회 현장에서 다룰 수 있는 '제3의 목소리'인 교리문답을 사용하는 훈련은 받을 수 없었습니다.

박사과정에서 교회사를 연구하면서 비로소 대학 시절에 목사님과 커피를 마시며 나누었던 하이델베르크 교리문답과의 대화로 다시 돌아갈 수 있었습니다. 하이델베르크 교리문답이 작성된 16세기의 시대적 배경과 그 당시 열악한 상황에 있던 신자들을 목회하기 위해 이 교리문답이 기록되었다는 것을 알게 되었을 때, 나는 이 교리문답을 더욱 존경하는 마음으로 대하게 되었습니다. 더구나 기독교 신앙을 가르치는 교사로 항상 우리를 기다리고 있는 이 '제3의 목소리' 없이, 기독교 신앙을 제대로 이해하는 것은 불가능하다는 것도 알게 되었습니다.

이 사실을 발견한 것이 30년 전이었습니다. 그때 이후로 나는 목사와 신학교 교수로 살아오고 있습니다. 2013년에 450세가 된 이 교리문답서는 수년간 설교단과 강의실에서, 그리고 위원회나 목회자 모임에서 항상 내 곁을 지켜 주었습니다. 나는 모든 경건한 대화 때마다 제3의 목소리인 하이델베르크 교리문답에서 큰 도움을 받고 있습니다.

최근 몇 년 사이에 교리문답에 관한 관심이 새롭게 일어나는 것을 볼 수 있습니다. 그중에서도 특별히 하이델베르크 교리문답에 관한 관심이 두드러집니다. 아마도 현재의 삶에 대한 통찰을 얻고자 우리에게 전해져 온 이 거룩한 전통을 살펴보고자 하는 노력의 일환일 것입니다. 또한 "나는 내 것이 아니고 사나 죽으나 몸과 영혼이 나의 신실하신 구주 예수 그리스도의 것"이라는 사실을 믿는다는 것이 무엇을 의미하는지, 따뜻하고 분명하게 말해 줄 누군가와의 대화를 염원하기 때문일 것입니다. 현실에서 마주하게 되는 모든 불안과 염려 속에서 그 어떤 통찰도 이 교리문답만큼 넘치는 위로를 주지 못할 것입니다.

1장. 유일한 위로

[제1문답]

도로공사 때문에 길게 늘어선 차량 가운데 그랜드 체로키를 탄 한 여인이 정체가 풀리기만을 기다리고 있습니다. 어머니의 장례식을 마치고 집으로 가던 길입니다. 뒷좌석에 탄 두 아이는 게임을 하느라 정신이 없습니다.

그 여인이 이상하리만큼 조용한 자신의 차 안을 둘러보니, 흙투성이인 축구화와 샌드위치 포장지, 부서진 우산, 찌그러진 물병 등이 널브러져 있는 게 눈에 들어옵니다. 그녀가 앉아 있는 운전석과 중앙의 콘솔 사이에는 아직 읽지 않은 보그 잡지가 아무렇게나 구겨져 있습니다. 계기판 위로는 필라테스를 하면서 사용하는 머리띠와 불법주차 딱지가 보입니다. 전날 장례식에 입을 옷을 찾으러 세탁소에 갔다가 떼인 것입니다. 심지어 차에는 있지도 않은 개 냄새까지 나는 것 같습니다.

차 문에 머리를 기댄 채 머리카락을 쓸어내리던 그녀는 조금 전 어머니의 장례식에서 읽은 추도사를 떠올립니다. 그러던 중 문득 자신의 장례식에서는 아이들이 뭐라고 추도사를 하게 될지 궁금한 생각이 듭니다.

한 젊은 소방관이 저녁 늦게 근무를 마치고 자신의 아파트로 돌아가고 있습니다. 항상 그렇듯이 근무를 마치고 집으로 돌아가는 이 시간에는 거의 녹초가 되곤 합니다. 아파트에 들어서면서 우편함을 살핍니다. 월세를 올리겠다는 집주인의 통지서가 있습니다.

여느 때와 마찬가지로 혼자 사는 집에서 오는 휑한 느낌을 잊으려고 무언가를 하려 합니다. 지난 토요일에 알게 된 여자 친구에게 전화를 걸까? 아니면 친구들 몇 명을 불러 밖으로 나갈까? 아니면 체육관에 가서 오랫동안 거른 운동을 할까? 갑자기 이도 저도 다 귀찮다는 생각이 듭니다. 냉장고에서 맥주 한 병을 꺼내고는, 아직 할부 금액이 남은 새로 산 대형 TV 앞 소파에 털썩 주저앉습니다. 하지만 외로움을 잊으려고 TV를 켜는 대신, 소파에 누워 엄습하는 외로움을 그대로 맞이합니다. 오늘 하루 그가 한 가장 용기 있는 일입니다.

장례를 치른 아내의 무덤 앞에 이제 홀로된 남편이 서 있습니다. 어제 장례를 치른 후에도 그렇게 무덤 앞에 계속 남아 있고 싶었지만, 자녀들과 친구들의 성화에 못 이겨 할 수 없이 자리를 떠나야 했습니다. 이제야 비로소 아내의 무덤 앞에 혼자 서 있습니다.

아내가 자신을 홀로 두고 떠나갔는데도 세상은 아무 일 없다는 듯 잘만 돌아가는 것이 그저 놀랍고 야속할 따름입니다. 여느 때처럼 아침 해는 묘지로 가는 길을 비춰 줍니다. 두 소년이 자전거를 타고 둑 위를 즐겁게 달립니다. 어쩌면 이렇게 아무렇지도 않을 수 있단 말인가?

자전거 뒤로 이는 흙먼지를 보면서 아내와 함께 세웠던 계획들을 떠올려 봅니다. 둘 다 열심히 일한 후에 은퇴하면 함께 행복한 여생을 보내기로 했습니다. 둘이 철석같이 약속했었습니다. 하지만 아내는 갑자기 심장마비로 그의 곁을 떠났습니다. 이제 그는 혼자입니다.

현대의 염려

딸의 대학 졸업식에 갔습니다. 청중석에 자리를 잡고 앉았습니다. 꽤 이름 있는 정치인이 졸업 연사로 초청되었습니다. 연설을 시작합니다. 오래전 내가 졸업할 때 들었던 것과 똑같은 미사여구를 늘어놓습니다. "여러분의 인생은 여러분의 손에 달렸습니다. 여러분 운명의 주인은 다름 아닌 바로 여러분 자신입니다. 그러므로 꿈을 가지십시오. 원대한 목표를 가지십시오. 저 하늘까지 다다를 만큼 높게 잡으십시오. 그리고 열심히 노력하십시오. 그러면 어디든 여러분이 원하는 자리에 이를 수 있을 것입니다." 졸업식마다 천편일률적으로 쏟아지는 수사입니다.

과연 우리 가운데 자신의 한계와 상관없이 어디든 자신이 원하는 자리에 이를 수 있다고 생각하는 사람이 있을까요? 우리는 각자가 가진 독특한 재능과 이력들, 유쾌함, 연약함, 그리고 고질적인 죄악들에 걸맞은 모습으로 존재할 뿐입니다. 그러나 무한한 가능성을 강변하는 이런 졸업 연설은 항상 많은 갈채를 받고 너무나 쉽게 사실처럼 받아들여집니다. 그런 연설은 환상에 불과합니다. 그렇다고 해서 그런 연설이 사람들에게 영향을 미치지 못한다는 말은 아닙니다.

오히려 이런 환상에 힘입어 사람들은 자신이 외면하고 싶은 실체를 인정하기를 완고하게 거부합니다. 그저 열심히 노력하기만 하면 자신이 원하는 삶을 살 수 있을 거라 절박하게 믿으려고 합니다.

"자신의 인생은 스스로 개척해 가라"는 모토는 새삼스러운 것이 아닙니다. 고대 신화들 속에는 거대한 장해와 난관에도 불구하고 이런 모토를 실현하는 여정에 뛰어든 남녀 영웅들을 쉽게 찾아볼 수 있습니다. 오디세우스가 바다의 생물들이나 해변의 사이렌들과 사투를 벌이는 모습은, 자기 안팎의 세력들과 맞닥뜨려야 하는 인간의 치열한 현실을 은유적으로 드러내고 있습니다. 오늘 우리가 맞서야 하는 것은 이런 괴물들만이 아닙니다. 수많은 선택이 우리를 기다리고 있습니다. 인생의 초기에는 이 선택의 자유를 즐깁니다. 하지만 시간이 갈수록 수많은 선택으로 인해 오히려 수많은 인생의 염려가 초래되는 것을 보게 됩니다.

어렸을 때 우리는 선악 간의 행동을 선택하도록 배웁니다. 선행은 상을 받고 악행은 벌을 받습니다. 성장해 가면서 우리는 좋은 팀을 선택하고 가장 인기 있는 사교모임에 들기 위해 안간힘을 씁니다. 고등학교를 졸업할 때는 가능한 한 좋은 직업이나 좋은 대학을 선택하기 위해 골몰합니다. 이것은 단지 직업이나 학교나 전공을 택하는 것이 아니라, 인생을 선택하는 것입니다. 그래서 사업가, 전기기술자, 의사, 변호사, 예술가, 혹은 교사가 되기로 합니다. 한두 해 지나다가 자신이 선택한 직업이 처음 생각한 것과 다르다고 느끼면 직업이나 전공을 바꾸면 그만입니다. 이처럼 우리 삶의 방향을 정하는 것은 별로 복잡하거나 어려워 보이지 않습니다. 하지만 그 선택이 옳았는지는 결코 알 길이 없습니다.

선택을 통해 우리의 인생을 개척한다는 생각은 성인이 되어서도 이어집니다. 직업과 배우자를 택하고, 언제 자녀를 가질지, 어디에 살지, 지역사회에 어떻게 참여할지 등을 결정합니다. 선택한 것이 여의치 않으면 다른 선택을 하면 그만입니다. 그렇게 내린 새로운 선택이 마음에 들지 않으면 또 다른 선택을 하면 됩니다. 그렇게 선택을 계속하다 보면 마침내 우리가 즐거워할 만한 인생을 발견할 수 있을 거라는 막연한 환상을 갖고서 말입니다. 우리는 세상을 고객의 특별한 주문에 따라 차려진 일품요리처럼 생각하고 이렇게 주문합니다. "영향력이 있고 성취도가 높은 직업, 잘생기고 나를 잘 이해해 주는 배우자, 아주 가까운 친구 몇 명, 두명 정도의 자녀, 안락한 집으로 하겠습니다. 아니, 그것 말고 저기 저쪽에 있는 거요. 예, 그거요." 하나님을 믿는다는 사람들은 전능하신 하나님을 일품요리 메뉴가 나열된 테이블 뒤에 서서 우리의 주문을 받고 주문받은 대로 메뉴를 내놓는 종업원으로 전락시킵니다. 이런 환상이 가진 문제는 우리가 그저 피조물에 불과하다는 사실을 망각하고서, 어느 순간부터 자신을 창조주로 생각하기 시작한 것에 있습니다.

나는 신학교 교수이자 지역 교회를 섬기는 목사로, 수년간 많은 학생과 교인들을 가르치고 그들의 삶을 지켜보면서 깨닫게 된 사실이 있습니다. 그것은 우리가 처한 위험이 나쁜 선택을 내리는 데 있는 것이 아니라, 그런 선택이 자신의 삶을 규정할 것이라고 믿는다는 데에 있다는 것입니다. 아무리 바른 선택이라 하더라도 그 선택이 자신을 구원할 것이라고 기대한다면, 그 선택도 재앙으로 드러날 수밖에 없습니다.

물론, 우리는 모두 선택을 하며 살아갑니다. 하루에도 수백 가지의 선택, 하다못해 아침 식사로 어떤 시리얼을 먹을까 고민하는 것에서 시작하여 우리를 놀라게 하는 엄청난 도전들을 어떻게 맞서야 할지에 이르기까지 수많은 선택을 합니다. 하나님은 우리를 많은 선택을 할 수 있는 존재로 지으셨습니다. 하지만 우리가 하는 그 어떤 선택도 우리의 인생을 만들어 가지는 못합니다. 인생이 각자의 손에 달린 것처럼 생각하고, 그런 생각에 따라 선택을 계속해 가는 것은, 환상 가운데 인생을 사는 것입니다. 이런 삶은 염려와 두려움의 연속일 뿐입니다.

끝도 없는 집안일을 하고 여기저기로 아이들을 데려다주느라 녹초가 된 엄마들은 운전석에 앉아 '저 아이들이 과연 내가 이렇게 수고하는 것을 알기나 할까?' 하고 자문하곤 합니다. '내가 이렇게까지 하는 게 무슨 의미가 있나?' 하는 자괴감마저 들기도 합니다. 학원으로 가는 길에 아이들이 먹을 샌드위치 가방과 작아서 못 신을 경우를 대비해서 가지고 다니는 여분의 축구화들이 여기저기 널브러져 있는 엄마의 차는 불확실하고 혼란스럽기만 한 이 가정의 장래를 반영합니다.

장래에 꿈꾸는 직업을 어떻게 얻어야 하는지 알고 있는 청소년이라 해도, 결국 인생을 마감할 때 불현듯 엄습하는 허탈감과 외로움은 매한가지입니다. 심지어 갓 결혼한 부부라도 새로운 가정

생활로 녹초가 됐을 때 찾아드는 공허함에 대해서는 결혼조차 별 도움이 안 된다는 것을 발견할 뿐입니다. 큰 성공, 많은 친구, 온 갖 전자기기나 술도 이런 익숙한 외로움과 허탈한 공허와 피로에서 벗어나게 하지는 못합니다. 시간이 갈수록 이것에 대해 자신이 할 수 있는 가장 용감한 일은 그저 맞닥뜨리는 것임을 확인할 따름입니다.

노년에 홀로된 사람은 사별한 배우자를 땅에 묻으며 자신이 했던 많은 선택 때문에, 함께 있을 때 서로 더 누리지 못했음을 깨닫고 후회해 보지만, 다 부질없는 짓입니다. 지금 알게 된 것을 30년 전에만 알았더라도 다른 선택을 많이 했을 것입니다. 하지만 우리에게는 그런 전지함이 없습니다. 우리는 할 수 있는 한 그저 최선을 다할 뿐입니다. 그렇게 최선을 다해도, 그것이 우리가 바라는 사랑을 가져다줄 만큼 선하지 않음을 발견하고는, 속절없는 후회로 가슴을 칠 수밖에 없습니다. 우리는 먼 훗날 무덤가에서 이런 선택의 결과가 선명하게 드러날 것을 두려워하며 삽니다.

이런 염려와 두려움에서 어떻게 위로를 찾을 수 있단 말입니까? 이 위로는 더 많은 선택을 한다고 얻게 되는 것이 아닙니다. 선택의 수가 늘어 갈수록 의심과 불안도 늘어 갑니다. "다른 선택을 했으면 좋았을 텐데"라는 아쉬운 탄식이 망령처럼 따라다닙니다. 우리는 결국 불충분하고 불완전한 것으로 드러날 인생을 수놓아갈 뿐입니다. 이런 선택들을 토대로 인생의 집을 지으려고 하는 것은 위태롭기 그지없는 생각입니다. 이것과는 전혀 다른, 더 나은 길이 있어야 합니다.

종교가 답인가?

이 책은 물론 종교적인 책입니다. 그래서 독자들은 이 책을 통해서 내가 믿는 종교가 어떻게 더 나은 길을 제공하는지 보여 주려 한다고 짐작할 것입니다. 물론 나는 그와 비슷한 일을 할 것입니다. 하지만 먼저 잠시 멈춰 서서 종교 역시 우리의 염려를 거드는 역할을 하고 있음을 고백하지 않을 수 없습니다.

우리는 지금 포스트모던 사회에 살고 있습니다. 세상에는 하나가 아닌 수많은 종교가 있다는 사실을 더는 외면할 수 없는 것이 현실입니다. 각 종교가 신에 대해 가진 저마다의 관점으로 인생을 이해하는 독특한 길을 제시합니다. 기독교 초기부터 변증가들은 왜 우리의 길이 다른 길보다 탁월한지에 대해 합리적인 논증을 제시했습니다. 하지만 오늘날은 합리성에 제한받지 않는 신을 아는 길이 얼마나 탁월한지를, 이성적인 논쟁을 통해 증명하는 것이 점점 더 어려워지고 있습니다. 심지어 이제는 하나님을 아는 기독교적 방식이 아무리 설득력이 있다 하더라도, '그러면 어떤 기독교적 방식이 더 나은가?'라는 질문을 하지 않을 수 없게 되었습니다. 그저 우리에게는 너무 많은 선택만이 남아 있을 뿐입니다.

오늘날 교회의 대부분은 사람들을 더 많이 불러모을 수 있는 예배의식과 프로그램을 개발하기 위해 애쓰고 있습니다. 당사자는 인정하고 싶지 않겠지만, 교회가 저마다 이웃 교회와 치열하게 경쟁하는 구도가 되었기 때문입니다. 이런 모습은 사람들의 불안과 염려를 해결하는 데 전혀 도움이 되지 않습니다. 오히려 사람들에게 지금 자신이 괜찮은 교회에 다니고 있는지, 혹은 이제 시내 중심가에 있는 대형 교회로 옮길 때가 되었는지를 고민하게 할 뿐입니다. 교회가 많다는 것을 그저 일품요리의 메뉴가 다양해진 정도로 치부합니다. 주일 오전 예배는 자기 가족이 오래 다닌 모교회로 가고, 화요일 아침에는 옆 교회에서 하는 성경공부에 참여하고, 자녀들은 건너편 교회의 학생회나 청년회로 보내고, 선교여행은 친구가 다니는 교회의 성도들과 함께 과테말라로 가기로 선택합니다. 다시 말하지만, 다양하고 풍성한 자원을 활용해서 더 윤택한 삶을 일구는 선택을 당연히 자신의 몫이라 생각하는 시대가 된 것입니다.

많은 시간을 교회에서 보내고 자란 사람으로서, 나는 종교가 인생을 성취하는 수단이 아니라고 확신합니다. 종교는 당신을 분주하게 만들 것입니다. 이마저도 종교로 인해 초래되는 많은 문제 가운데 하나일 뿐입니다. 가끔 비행기를 타면 옆 좌석에 앉은 사람이 내 직업을 알아보고는 교회에 대한 불평을 늘어놓을 때가 있습니다. 그러면 나는 "당신은 교회에 대해 절반도 모르고 있습니다"라고 말하곤 합니다.

물론 교회는 흠이 많은 기관입니다. 흠이 있는 사람들로 이루어진 것이 교회입니다. 하지만 그러기에 우리 같은 사람도 교회의 일원이 될 수 있는 것입니다. 문제나 상처가 없는 사람들로 이루어진 교회를 기대하는 것은, 아파서 병원에 간 사람이 거기에 환자들이 많아서 불쾌하다고 느끼는 것이나 마찬가지입니다.

적어도 기독교는 길과 진리와 생명이신 그리스도를 증언하는 종교입니다(요 14:6). 기독교는 특별하게 흠이 있는 믿음의 공동체에 자리하도록 우리를 초청하고, 이 공동체를 넘어 우리의 생명을 창조하시고 우리를 사랑하기 위해 실제로 예수 그리스도 안에서 돌아가신 하나님을 바라보게 합니다. 이것 외에는 그 어떤 것으로도 이 공동체의 부족함을 채우지 못합니다.

믿음의 유업

기독교 신앙은 우리 각자의 이야기를 아주 매력적인 하나님의 구원 역사로 엮어 갑니다. 한 주 내내 우리는 삶의 여러 문제에 압도되어 "나의 건강, 나의 자녀들, 내 직업, 재정적인 염려"에 사로잡혀 삽니다. 그러다 주말이 되면 자신의 한계를 절감하고 교회로 갑니다. 그곳에서 자신보다 훨씬 더 나은 삶을 사셨고 또 지금도 그렇게 살아계시는 분의 이야기를 듣습니다. 이것이 바로 기독교 예배가 주는 최상의 것, 곧 성부, 성자, 성령 삼위 하나님의 이야기입니다. 그리고 이 삼위 하나님의 이야기는 이제 우리의 이야기가 됩니다.

기독교 예배를 통해 신자들은 자신의 인생이 이 땅에 태어나고, 졸업하고, 직장을 얻고, 결혼하고, 자녀를 낳고, 손자들을 보는 것에서 시작된 것이 아니라고 대담하게 주장합니다. 질병, 이혼,

혹은 도무지 감당할 수 없을 것 같던 사랑하는 이와의 사별이 우리의 삶을 규정하는 것도 아닙니다. 성경은 우리의 삶이 "태초에 하나님이 천지를 창조하시니라"(창 1:1)는 말씀에서 시작한다고 합니다. 우리의 삶에 가장 결정적인 말씀은 "이 말씀이 하나님과 함께 계셨으니 이 말씀은 곧 하나님이시니라"(요 1:1)고 하는 요한복음의 첫 장입니다. 성경의 마지막 장으로 가보면 우리 삶의 모든 이야기는 놀랍게 마무리됩니다. 하나님께서 우리의 눈물을 닦아주시고 모든 죄와 질병과 죽음이 사라진다고 합니다. 우리는 그 어떤 것으로도 하나님께서 이미 우리를 위해 써 놓으신 이 영광스러운 결말을 바꿀 수 없습니다.

시대의 흐름을 좇아 예배를 자아성취의 도구로 전락시킨 현대교회의 모습이 잘못된 이유가 여기에 있습니다. 참된 예배는 하나님께서 인간에게 이루신 웅대하고 놀라운 섭리의 역사를 개개인의 마음에 무작정 밀어 넣으려고 하지 않습니다. 오히려, 참된 예배는 우리로 하나님의 역사에 참여하게 합니다. 우리보다 훨씬 앞서 시작되고 우리보다 더 오래 이어질, 성경에 기록된 위대한 구원의 드라마 속으로 우리를 불러들입니다.

그러므로 교회는 사람들이 좋아하는 새로운 것을 끊임없이 추구할 것이 아니라, 성경, 찬송, 신경과 같은 교회의 유구한 유산으로 예배를 채우는 것이 마땅합니다. 이런 유산은 이스라엘의 족장과 선지자와 사도와 순교자들이 이 땅에서 우리가 맞닥뜨릴 수 있는 모든 것들을 어떻게 대면했는지를 말해 줍니다. 그리고 앞서

간 성도들이 끊임없이 바라보고 의지했던 하나님을 가리킵니다. 사람이라면 누구나 예외 없이 맞닥뜨릴 수밖에 없는 인생의 풍랑 앞에서, "나의 작은 믿음"으로 할 수 있는 것이라고는 아무것도 없습니다. 하나님을 전적으로 의뢰한 "구름같이 둘러싼 허다한 증인들"의 뿌리 깊은 견고한 믿음이 있어야 합니다(히 12:1). 이 믿음으로 인생의 풍랑을 마주할 때, 우리의 이야기는 우리만의 이야기가 아닌 하나님의 이야기가 됩니다.

우리 집 2층으로 올라가는 계단 벽면에는 6대에 걸친 조상들의 흑백사진이 담긴 액자 20개가 걸려 있습니다. 어떤 사진은 남북전쟁 때까지 거슬러 올라갑니다. 각각의 사진마다 전쟁 때, 농장을 잃었을 때, 대공황 때, 사랑하는 이들과 갑자기 사별했을 때 등, 힘겨운 시간에 얽힌 사연들이 고스란히 담겨 있습니다. 하지만 재앙과도 같은 이런 가족사의 이면을 들춰 보면, 힘겨운 때에도 굴하지 않았던 믿음의 이야기가 자리합니다. 그래서 우리 가족은 이 벽을 "성도가 서로 교통하는" 벽이라고 부릅니다. 아이들이 하루에도 몇 번씩 이 계단을 오르내리면서, 자신이 얼마나 위대한 믿음의 유산을 물려받았는지 기억했으면 하는 것이 나의 바람입니다. 이 유산은 아이들 영혼의 혈관을 타고 흐릅니다. 다음 세대라고 해서 그 이전 세대보다 삶이 더 수월해지리라는 법은 없습니다. 힘겨운 일이 닥쳤을 때, 내 자녀들이 당장 눈에 보이는 것보다 보이지 않는 것들이 훨씬 더 많다는 사실을 기억했으면 합니다. 이 땅에 태어나기 훨씬 이전부터 그들의 삶의 이야기가 시작되었다는 것을 잊지 말기를 바라는 것입니다.

비슷한 이유로 개혁파 교회는 신경과 신앙고백과 교리문답 등을 오랫동안 사랑해 왔습니다. 우리 영혼의 벽면에 걸린 이런 믿음의 유산들이, "나의 믿음"은 다름 아닌 "우리의 위대한 믿음"의 일부라는 사실을 상기시켜 줍니다.

사도신경이나 니케아신경과 같은 신경들은, 기독교 신앙에 대한 전 세계 기독교의 전반적인 윤곽을 그려 내는 유구한 믿음의 진술이자, 모든 그리스도인이 공통으로 붙들고 살아가는 핵심적인 믿음의 내용입니다. 신경들은 전형적으로 이전에 기록된 초대 교회의 신앙고백이 가진 통찰들을 토대로 합니다. 이런 통찰과 깨달음은 오늘날 우리를 붙잡아 주는 위대한 믿음의 핵심입니다. 교회는 대부분 4세기에 기록된 니케아신경을 따라 예수 그리스도의 신성을 분명히 고백합니다. 세대마다 우리 신자들은 하나님이신 구원자를 가졌다는 사실을 끊임없이 기억해야 할 필요가 있습니다. 하지만 이런 고백은 우리가 임의로 만든 것이 아닙니다. 이 고백이 우리를 만듭니다.

신앙고백은 교회 역사에서 발생한 특정 사건과 분투를 통해서 작성된 믿음의 진술입니다. 우리가 믿음을 실현해 가는 삶의 현장은 계속해서 변하기 때문에 신앙고백에서 믿음의 핵심이 잘 드러나도록 주의 깊게 표현해야 합니다. 교리문답은 어린이나 이제 막 신앙을 가지게 된 신자에게 기독교 믿음의 내용을 가르치기 위한 특별한 목적으로 기록되었습니다. 우리가 가진 신경들과 신앙고백, 그리고 교리문답 등을 통해 교회는 성경과 교회가 위치한 특정한 상황을 이어주는 다리를 만들었습니다. 우리는 이런 소중한 문서들, 곧 신학자들이 작성하고 공의회와 교회회의 등을 통해 확인된 문서들을 믿음의 선조들로부터 물려받은 위대한 유산으로 여기고 감사히 받습니다.

이런 유산은 오늘을 사는 우리의 위로와 힘의 원천입니다. 하지만 더 심오한 의미에서 이 유산은 우리의 정체성을 규정해 주는 원천입니다. 우리가 예배 시간에 신경을 고백하거나 성경의 한 구절을 암송하는 것은 사실 현대인에게는 생소한 행위입니다. 우리가 아닌 다른 누군가가 우리의 믿음을 기록했기 때문이라고 말들 하지만, 만일 우리가 교회에서 각자의 사명 선언서를 앞다투어 고백한다면 얼마나 끔찍하겠습니까? 그런 일은 염려하고 두려워하는 우리의 영혼에 아무런 유익이 되지 않습니다.

우리는 신앙고백과 신경을 읽음으로써 자신이 우리의 삶을 형성한 위대한 신앙고백의 일원임을 선언합니다. 그리고 이것이 바로 기독교 신앙을 이어가는 방식입니다.

16세기로부터의 도움

자카리아스 우르시누스(Zacharias Ursinus, 1534-1583)는 약관의 나이에 신학 교수가 되었습니다. 28세에 그 당시 받을 수 있는 최상의 교육을 받았습니다.[1] 그때 독일의 정치 지도자였던 프레더릭 3세(Frederick III)가 그를 불러 새로운 신학에 기초한 신앙고백의 초안을 작성하라고 했을 때, 그의 새로운 서재에는 책이 거의 없었습니다. 이런 부름을 받는 것이 명성을 얻을 좋은 기회처럼 보였을지 모르지만, 사실 당시에는 대단히 위험천만한 일이었습니다.

우르시누스가 이 작업을 하던 때는 마르틴 루터(Martin Luther), 장 칼뱅(John Calvin), 울리히 츠빙글리(Ulrich Zwingli) 등, 당시 로마가톨릭 교회의 특정한 가르침과 관습에 "저항했던"(protested) 개신교 종교개혁의 열정이 사그라진 뒤였습니다. 개신교 진영은 이미 여러 개의 분파로 나뉘어, 처음에 로마가톨릭에 대항했던 것처럼 이제는 서로를 대적하며 논쟁을 벌이고 있었습니다.

학자로서 그의 삶은 분열된 개신교 교회에서 시작되었고 그렇게 일 년 정도를 가르쳤습니다. 그때 하이델베르크 대학의 교수 지위를 유지하기 위해서는, 그가 자신의 신학에 치명적인 결정을 내려야만 했습니다. 당시 신학자들이 처한 정치적 상황이 그랬고, 학자로서 우르시누스 역시 예외는 아니었습니다. 하지만 그는 그렇게 하지 않았습니다. 신학 논쟁에서 패한 진영에 속했던 그는 고향인 폴란드 브레슬라우(Breslau)의 교수직으로 물러나야 했습니다. 이 일을 통해 그는 종교도 얼마나 허망하게 자아성취를 위한 선택의 장으로 변질할 수 있는지를 경험했습니다. 하지만 그 덕에 지도적인 위치에 있는 다양한 개신교 진영들과 함께 부지런히 연구할 수 있었고, 이를 통해 이 진영들이 보편적으로 붙들고 있는 중요한 믿음의 내용이 있다는 확신에 이르게 되었습니다.

1559년에 프레더릭 3세는 독일 남부의 팔츠(Palatinate) 지방에서 세력을 얻었습니다. 당시 하이델베르크를 둘러싼 팔츠 지방의 개신교는 루터의 가르침에 동조하는 엄격한 루터파와 필리프 멜란히톤(Philipp Melanchthon)이 교회에 도입한 변화를 지지하는 루터파로 분열된 상태였습니다. 그리고 다른 개신교인들은 칼뱅을 위시한 개혁파의 가르침을 충실히 따르고 있었습니다.

당시 정치 지도자들은 종교적 신앙의 내용만 같으면 백성을 서로 통합할 수 있을 것이라고 단순하게 생각했습니다(미합중국의 헌법 초안자들이 국가의 지배 아래 있지 않은 교회를 "실제로 경험하기" 몇 세기 전의 일입니다).[2] 프레더릭 3세 시대의 백성에게 가장 중요한 가치는 종교적 충성과 헌신이었습니다. 당시 정치 지도자들은 백성을 통합하고 공통된 목적에 헌신하도록 하는 신앙의 내용을 규정하고 그것을 이용할 수 있어야 했습니다.

이처럼 프레더릭은 자신과 백성에게 상당한 불안을 조장한 큰 문제를 떠안았던 것입니다. 각기 상반된 종교적 신념을 지닌 백성을 어떻게 하나로 통합할 것인가? 개혁파 신경으로 통합할 것인가? 아니면 루터파 신경으로 통합할 것인가? 루터파 신경으로 한다면 어떤 형태의 루터파를 택할 것인가? 만약 프레더릭이 이 문제를 풀지 못한다면, 그의 통치 아래 있는 이 지역은 내부 갈등과 분열은 물론 그런 상황을 악용하려는 외부 세력에 빌미를 제공할 것이 자명했습니다.

결국, 프레더릭은 큰 위험을 감수하기로 했습니다. 상대적으로 경험이 짧은 자카리아스 우르시누스를 불러, 자신이 다스리는 지역의 루터파 교회와 개혁파 교회를 아우를 새로운 신앙고백 문서와 교리문답을 작성할, 신학자와 목사들로 구성된 팀을 이끌도록 한 것입니다. 그가 지금까지 받아온 다양한 신학 훈련을 고려해볼 때, 이 두 교회 간의 미묘한 차이를 제대로 이해할 수 있는 사람으로서 그가 적격이었던 것입니다.

우르시누스의 조력자로는 26세의 목사인 카스파르 올레비아누스(Casper Olevianus, 1536-1587)가 임명되었습니다. 빵 굽는 자의 아들로 자란 그는 평범한 사람들에게 복음을 전하고자 하는 열망이 있었습니다. 올레비아누스 역시 하이델베르크 대학의 교수였지만, 그 도시에 있는 지역 교회의 목회를 위해 교수직을 그만두었습니다. 그가 대학에서 사임하자, 우르시누스가 그 자리를 맡았던 것입니다. 그 지역의 목사 및 신학자들과 함께 우르시누스와 올레비아누스는 프레더릭 황제가 맡겨준 과업에 착수했습니다. 팔츠 지방의 백성을 위한 교리문답을 써 내려 간 것입니다. 이 작업에 참여한 학자와 목사들에게는 자신들이 가진 차이의 이면에 보편적인 소망의 복음이 자리하고 있다는 공통된 확신이 있었습니다.

애초부터 하이델베르크 교리문답은 팔츠 지방의 백성이 가진 근심을 덜어주기 위한 문서임을 분명히 했습니다.[3] 그들에게서 일어날 종교적 분열에 대한 우려는 물론이거니와 모든 인간이 가진 근본적인 불안과 염려에 대한 절박한 우려가 이 문서의 기저에 자리하고 있었습니다. 이를테면 이런 것들입니다. 궁극적으로 인간의 삶을 붙들어 주는 것은 무엇인가? 우리는 어떻게 하나님을 아는가? 복된 삶을 위해 필요한 것은 무엇인가? 우리가 가진 근본적인 불안과 염려에서 벗어나는 길은 무엇인가?

하이델베르크 교리문답의 저자들은 무슨 새로운 교회를 세우거나 새로운 신학을 고안하려고 하지 않았습니다. 오히려 분열된 교회들이 저마다 주장하는 종교적 진술들을 깊이 파고 들어가, 하나님의 은혜 안에서 깊은 위로를 길어 올릴 두레박 같은 공통된 믿음의 내용을 찾고자 했습니다.

거룩한 대화

하이델베르크 교리문답은, 당시에 기록된 많은 고백 문서들이 하나님에 대한 교리와 관련한 주도면밀한 신학적 주장으로 시작하는 것과 달리, 인간이 처한 곤경으로부터 시작합니다. 기독교 신앙의 내용에 대한 주의 깊고 체계적인 진술을 제공함은 물론, 인생에 도사린 온갖 선택에 압도되어 불안한 사람들의 마음에 매우 인격적이고 목회적으로 말을 건네고 있습니다. 이것이 바로 이 교리문답이 가진 탁월함과 독특함입니다. 사랑스러운 이 교리문답이 여전히 현대 그리스도인들에게도 큰 호소력과 영향력을 발휘하는 것도 바로 그런 이유입니다. 윤택한 삶을 살아야 한다는 강박 속에서 여전히 몸부림치고 있는 것이 우리의 삶이 아닙니까!

교리문답이라는 말은 생경하게 들릴 뿐 아니라 썩 유쾌하지 않은 기억마저 불러일으키기도 합니다. **교리문답**에 조금이라도 익숙한 사람들은 신앙과 관련된 질문과 답변을 되뇌어 암송하는 따분하고 지루한 작업을 떠올리기 쉽습니다. 하지만 교리문답은 결코 그런 의도로 만들어지지 않았습니다. 인간이 가진 가장 절박한 존재론적 불안과 수세기를 걸쳐 전해 내려오는 성경의 진술 간에 대화를 제공하기 위해 작성된 것입니다. 따라서 교리문답의 핵심은 단순히 기계적으로 정답을 되뇌는 것이 아니라, 이 거룩한 대화에 참여하는 것입니다.

하이델베르크 교리문답은 우리가 가진 가장 심오하고도 근본적인 질문과 역사적 기독교 신앙이 주는 대답 간의 거룩한 대화로 우리를 초대합니다. 교회의 가르치는 사역과 예배를 돕는 것은 물론, 자기 파괴적인 삶에 점철된 염려와 불안을 떨쳐 버리고자 하는 모든 개개인에게도 큰 도움이 됩니다. 근본적인, 혹은 루이스(C. S. Lewis)가 말한 것과 같이 "순전한" 기독교 신앙을 가르치는 가운데, 우리가 가진 근본적인 인생의 염려들을 단도직입적이면서도 간결하고, 인격적이며, 위로가 넘치는 방식으로 다루고 있는 것이 바로 이 교리문답입니다.

나의 유일한 위로

이 교리문답은 제일 먼저 "사나 죽으나 당신의 유일한 위로는 무엇입니까?"라는 가장 심오한 질문을 던집니다. 그 후에 삼위 하나님의 품에 안기도록 하는 시적인 아름다움으로 전체 교리문답을 요약합니다. 삶과 죽음의 경계를 적시하는 이 질문을 통해 교리문답은 죽을 수밖에 없는 우리에게 드리워진 존재론적인 고뇌와 불안뿐 아니라, 일상에서 우리가 겪는—자녀들이 어긋나고, 직장을 잃고, 건강을 잃고, 꿈꾸어 왔던 일들이 산산이 부서지는 것과 같은—죽음과 방불한 경험들을 어떻게 대면하고 있는지를 묻습니다. 이런 실제적인 경험들은 자신의 삶을 스스로 주장하고 있는 것처럼 여기는 우리의 환상을 비웃습니다. 이 교리문답은 이런 불가피한 상실 앞에서 느낄 수밖에 없는 혼란과 두려움에 대한 울림으로 시작합니다.

"당신의 유일한 위로는 무엇입니까?" 교리문답은 다름 아닌 바로 "당신의" 위로를 묻습니다. "우리의" 위로를 묻는 것이 아닙니다. 이처럼 지극히 개인적인 질문으로 시작합니다. 우리 각자가 반드시 대답해야 할 질문입니다. 이 위로는 우리가 다음 선택을 제대로 한다고 얻어지는 것이 아님을 반드시 직시해야 합니다.

이 교리문답이 말하는 위로란 인생을 살면서 느끼는 불안으로부터 우리를 다독여 주는 감상적인 개념이 아닙니다. "그래, 이제 괜찮아. 내가 이해해. 다 괜찮아질 거야"라고 한다고 얻어지는 것이 아니란 말입니다.

위로라는 말에는 강하게 한다(strengthen)는 의미가 있습니다. 위로라는 말의 라틴어 어근도 문자적으로 "강하게"를 뜻합니다. 스위스의 신학자 칼 바르트(Karl Barth)에 따르면 이 교리문답은 우리가 어떻게 다시 일어서야 할지를 보여 준다고 합니다.[4] 자신을 가리기 위해 각자가 마련한 것을 박차고 나아와 요동하는 삶을 딛고 용감하게 서라는 부름인 것입니다.

복음이 주는 위로는 우리가 가진 근심과 걱정에 대한 연민이나 위안을 능가하는 구속적인 위로입니다. 존귀와 영화로 관을 쓴 하나님의 형상을 따라 지어진 인간 본연의 위치를 회복시키는 위로입니다.

다시 말해 이 교리문답은 지금 "장차 닥치게 될 상실, 기진맥진하고 속수무책일 때 다시 고개를 들 공허함, 우리가 하는 대부분의 선택에 따라오는 후회 같은 것에 더는 휘둘리지 않는 사람들로서, 다시 그 자리를 힘차게 딛고 서도록 하는 것이 무엇이냐?"고 묻고 있는 것입니다. 요컨대, "우리로 담대하게 할 것이 무엇이냐?"는 질문입니다.

소유

이 질문에 대한 대답은 매우 놀랍습니다. 복음이 주는 위로는 다름 아닌 우리 삶이 우리 것이 아니라는 사실을 발견하는 데 있습니다.

우리는 어쩌면 이 교리문답을 통해 하나님께서 우리가 꿈꾸는 삶을 이루도록 우주적인 격려와 지지를 보내주실 것이라 기대했을지도 모릅니다. 그러나 반대로 우리는 지금까지 도무지 도달할 수 없는 목표를 향해 발버둥 쳐 왔음을 발견합니다. 아무리 열심히 수고하고 노력해도 우리가 원하는 삶을 얻지 못합니다. 사랑하는 가족이나 친구와 결별하지 않고 곁에 있게 하고 싶지만, 그렇게 할 수 없습니다. "나는 내 것이 아니고 사나 죽으나 몸과 영혼이 나의 신실하신 구주 예수 그리스도의 것"이라는 사실을 확증할 수 있을 때, 우리 각 사람은 든든히 설 수 있습니다. 이 교리문답을 여는 질문에 대한 대답은 이처럼 강력한 위로의 말로 시작합니다.

몇 년 전 나는 섬기는 교회에서, 라일과 샌디라는 사랑스러운 부부의 장례식을 인도했습니다. 라일이 먼저 죽었습니다. 정말 갑작스러운 죽음이었습니다. 라일의 장례식이 끝난 며칠 후, 홀로된 샌디가 어떻게 지내는지 보려고 집에 잠깐 들렀습니다. 그때 샌디는 조금 전 세탁소에서 라일의 바지들을 찾아온 뒤 있었던 일을 이야기해 주었습니다. 라일이 가장 즐겨 입던 회색의 펑퍼짐한 바지들이었습니다. 침대맡에 앉아 세탁소에서 찾아온 남편의 바지들을 물끄러미 보던 샌디는 갑자기 그것들을 가슴에 와락 끌어안았습니다. 그가 즐겨 입던 바지들을 보는 순간 이제 좀 잦아든 줄 알았던 사무친 그리움과 슬픔이 다시 그녀의 가슴에 차올랐던 것입니다. 그렇게 차오르는 슬픔을 주체할 수 없어서 샌디는 무작정 어렸을 때 배운 사도신경을 되뇌기 시작했습니다. "……죄를 사해 주시는 것과 몸이 다시 사는 것과 영원히 사는 것을 믿사옵나이다." 그리고 그녀는 말했습니다. "바로 그 순간 내게 필요한 것이 무엇인지 깨닫게 되었어요." 무슨 신비한 경험을 한 것이 아니었습니다. 무덤 너머로 목소리가 들렸다거나, 신기한 빛을 경험한 것도 아니었습니다. 그때 샌디가 발견한 것은 그 모든 것보다 훨씬 좋은 것이었습니다. 이천 년 이상 교회를 붙들어 온 믿음이 두 팔을 벌려 그녀를 보듬었던 것입니다. 이 믿음의 고백만이 남편과 사별한 그녀를 다시 그 자리에 설 수 있게 해주었습니다.

사도신경보다는 덜 알려졌지만, 하이델베르크 교리문답은 우리를 견고하게 붙들어 주고 사나 죽으나 한결같이 우리를 위로해 주는 믿음의 위대한 전통입니다. 사도신경과 마찬가지로, 하이델베르크 교리문답은 우리의 삶들과 그 삶에서 대단히 중요한 사랑하는 이들 모두, 결코 그들을 잃어버리지 않으시는 하나님께 속했다는 위대한 사실을 상기시켜 줍니다.

라일을 떠나보낸 지 일 년 후, 샌디 역시 세상을 떠났습니다. 샌디의 장례식에서 나는, 그녀가 하늘 포구에서 예수 그리스도와 함께 그녀를 맞아준 사랑하는 라일과 함께 있다는 것을 확증할 수 있었습니다. 내가 믿고 있고 그녀가 믿었기 때문만이 아니라, 우리가 믿는 것 때문에 그렇게 말할 수 있습니다. 우리는 모두 자신이 꿈꾸던 것과 사랑하는 사람을 잃습니다. 이처럼 우리의 삶은 끊임 없는 좌절의 연속입니다. 하지만 이천 년 동안 교회가 고백해 온 위대한 믿음을 의지한다면, 우리의 삶은 하나님이 베푸시는 구원 경험의 연속일 것입니다. 하나님은 자신의 것은 그 무엇도, 그 누구도 잃어버리시는 일이 없습니다. 이것이 우리의 유일한 위로입니다.

초대교회 교부인 아타나시우스(Athanasius)에 따르면, 성경은 하나님이 모든 만물을 "무(無)로부터"(ex nihilo, 엑스 니힐로) 창조하셨다고 가르칩니다. 그러므로 모든 만물은 그 존재를 창조주로부터 얻습니다. 하나님은 심지어 흙으로 인간을 지으셨습니다. 창조주가 없이는 모든 것이 무요, 비존재입니다.[5] 그러기에 하나님이 아닌 다른 것, 곧 직업, 사랑, 재물 등을 인간이 자기 정체성의 토대로 삼는다면 인간은 다시 아무것도 아닌 존재가 됩니다.

처음 목회를 시작했을 때, 나는 교인들이 인생의 여러 존재론적인 문제들과 씨름하기 위해서 예배하러 온다고 생각했습니다. 그러나 얼마 지나지 않아 나는 강대상 앞에 앉아 있는 교인들 대다수가 그렇지 않다는 것을 알게 되었습니다. 주일 아침 예배로의 부름이 있기 전, 우리 대부분은 아타나시우스가 "무"라고 이름한 것들에 사로잡혀 있습니다. 월요일 아침이 되기까지 해야 할 많은 일을 생각합니다. 지난밤 파티에서 있었던 일을 떠올립니다. 교회로 오는 길에 차에서 들은 불쾌한 말을 곱씹고 있습니다. 앞에 앉은 여자 성도는 도대체 무슨 생각으로 지금 입고 있는 옷을 샀을까 궁금해합니다. 창조주로부터 우리를 멀어지게 하는 선택 때문에 고민하는 일은 안중에도 없습니다. 우리가 좋아하는 것에 골몰하느라 그럴 겨를조차 없습니다. 바로 그 순간 비록 뒤틀리기는 했어도 여전히 우리 영혼에 남아 있는 거룩한 자취들은 우리 삶의 유일한 원천으로 다시 돌이키라고 끊임없이 우리에게 손짓합니다.

나의 신실하신 구주

우리는 모두 예외 없이 하나님을 떠나 아무것도 아닌 것으로 향하는 사람들입니다. 그래서 하나님은 우리를 다시 생명으로 돌이키게 하는 하늘의 처방을 알려주는 것 이상의 일을 하셔야 했습니다. 곧, 하나님이 친히 이 세상에 오셔서 우리 중 하나가 되신 것입니다. 이것이 바로 예수 그리스도의 삶의 핵심입니다. 그리스도 안에서 하나님은 사람이 되셨습니다. 우리 중 하나가 되신 것입니다. 자신을 내어주는 이 사랑의 행위로 우리가 속한 창조주와 우리 사이가 다시 이어지기 시작했습니다. 성육신이라는 이 놀라운 선물은 하나님께서 우리 편으로 오시는 것입니다. 하나님께서 우리의 삶으로 들어오시는 것입니다.

하나님께서 삶의 분투 가운데 있는 우리와 함께하시기 때문에, 우리는 이제 삶의 환경을 허망하게 재조정할 필요가 없습니다. 우리는 아무것도 아닌 것에서, 또한 우리 영혼의 진창에서 겪어야 할 끝없는 고통에서 벗어나기 위해, 다른 변화를 주거나, 다른 관계를 맺거나, 다른 체중감량 프로그램에 매달리지 않아도 됩니다. 그러지 않아도 우리는 잘 지낼 수 있습니다. 예수 그리스도 안에서 창조주께서 우리에게 오셔서 하나님의 자녀로서 우리의 존엄을 회복하셨기 때문입니다.

부끄러운 일이지만 우리가 어떤 선택을 한다 해도, 하나님께로 돌아갈 수 없고 그분이 우리에게 주신 참된 정체성을 회복할 수 없습니다. 오히려 그럴수록 하나님에게서 멀어질 뿐입니다. 그래서 하나님은 우리가 도무지 할 수 없는 일을 예수 그리스도 안에서 하셨습니다. 그분은 우리를 하나님과 화목하게 하셨고, 우리를 하나님과 분리했던 죄악에서 구속하셨습니다.

이 땅에 계시는 내내 예수님께서는 자신이 십자가를 향해 가고 있음을 아셨습니다. 교리문답이 가르치는 것처럼, 예수님께서는 "보배로운 피를 흘려 내 모든 죄의 대가를 온전히 치르셨습니다"(제1문답). 죽기까지 사랑하신 구주께서 계속해서 우리를 죄의 포로로 가두어 두려고 하는 "마귀의 권세에서" 우리를 자유롭게 하십니다.

마귀에 대한 이해는 다 다를지라도, 우리를 창조주로부터 떼어 놓으려 하는 어떤 힘이 있다는 것에는 모두가 동의합니다. 이런 힘은 너무나 강해서 때로는 불가항력처럼 느껴지기도 합니다. 그러나 예수 그리스도 안에 있는 우리는 그 힘에 속수무책으로 끌려가야 할 만큼 무력하지 않습니다. 우리에게는 '아니오'라고 말할 수 있는 권세가 있습니다. 더 절망적인 무의 나락으로 떨어지게 하는 일을 선택하고 속절없이 끌려가야 할 필요가 없습니다. 우리는 단테(Dante)의 어두운 숲에 있는 자신을 발견했습니다. 생명의 길로 인도하는 조용한 선택에 우리가 관심을 기울이지 않았기 때문입니다.[6] 이제 우리는 사망으로 인도하는 이 잠에서 깨어나, 우리의 몸과 영혼 모두를 자신의 것이라 주장하시는 신실하신 구주께 속했다는 사실을 알았습니다.

이 교리문답은 우리 삶의 모든 것, 곧 몸과 영혼을 자유롭게 하시는 예수 그리스도의 구속의 영향력 아래 우리가 있음을 알라고 우리에게 손짓합니다. 몸과 영혼이 서로 아무 상관이 없다고 주장하는 절망적인 주장과 우리는 아무 상관이 없습니다. 오랫동안 우리는, 영혼은 하나님의 손에 있으나 육신의 삶은 자신의 책임이라 여기며 살도록 유혹을 받아왔습니다. 이런 기만적인 개념 때문에, 종교는 사후에 일어날 일들을 위해서만 의미가 있다고 사람들은 생각합니다. 이 땅에 사는 동안은 자신이 생각하는 대로 최선을 다하면 되는 줄 압니다. 예수 그리스도 안에서 이루신 하나님의 역사를, 우리를 천국으로 데려다주는 승차권 정도로 치부합니다.

내가 "신실하신 구주 예수 그리스도"께 이미 속해 있음을 깨달을 때, 내가 마주하는 모든 일에서 그리스도께서 항상 "나의 구원"을 위해 일하고 계신다는 놀라운 사실을 발견합니다. 다시 말하지만, 교리문답이 "우리의" 구원이라고 말하지 않고 있음을 놓쳐서는 안 됩니다. 물론 여기에는 "우리의 구원"이 함의되어 있습니다. 하지만 이 교리문답의 저자들은 구원이 공동체를 위한 것만이 아니라, 모든 개개인의 삶 속으로 뚫고 들어가기 위한 것임을 알려주고 싶어 합니다.

지난 수십 년에 걸쳐서 현대에 만연한 극도의 개인주의의 위험에 경각심을 불러일으키는 선지자적인 글들이 많이 쏟아져 나왔습니다. 우리 역시 이런 시대 속에서 살아가기 때문에 "모든 것을 나 중심"으로 생각하기가 십상입니다. 주변 세상에 관심을 가질 때도 그것을 자아성취의 수단과 방편으로 삼기 때문입니다. 그래서 더더욱 16세기의 저자들이 1인칭 단수를 사용하고 있다는 사실이 놀랍기만 합니다. 물론 당시의 삶은 오늘과 달리 많은 선택의 여지가 없었습니다. 통치자의 종교가 무엇이냐에 따라, 온 나라의 종교가 결정되던 시대였습니다. 그러나 분명히 우르시누스와 다른 동역자들은 그때까지 유구하게 이어져 온 신학적 실재, 곧 당신이 선택하고 싶다면 당신의 삶이 항상 구주께 속했음을 믿기로 선택하라는 점을 강조하고 싶었던 것입니다.

당신의 구주께서는 지금도 일하십니다. 제1문답은 "하늘에 계신 내 아버지의 뜻이 아니면 머리카락 하나라도 내 머리에서 떨어질 수 없다"고 합니다. 이것은 하나님이 자녀의 머리에서 머리카락을 뽑는 분이라거나, 살아가면서 우리가 입는 엄청난 손실들이 다 하나님의 책임이라는 말이 아닙니다. 이것은 하나님께서 우리를 세심하게 살피고 돌보신다는 뜻입니다. 하지만 교리문답은 이것만으로는 충분한 위로가 되지 않는 것처럼 한 걸음 더 나아갑니다. 로마서 8:28을 근거로 하나님께서 개입하시기 때문에 "모든 일이 합력하여 나의 구원을 이룬다"고 주장합니다. 악한 일조차 성도의 유익이 되게 하시는 구주의 능력을 막을 것은 아무것도 없습니다.

모든 일이 우리가 바라는 대로 될 거라는 말이 아닙니다. 간절한 기도에도 불구하고 사랑하는 가족이 숨을 거두고 마는 때도 있습니다. 간절한 기도에도 불구하고 일자리를 구하지 못하기도 합니다. 그리고 일어나지 말았으면 하는 일들이 일어나기도 합니다. 이 교리문답과 기독교 신앙고백의 전통에서 말하는 "모든 일이 합력하여 우리의 구원을 이룬다"는 고백은, 말 그대로 모든 일, 곧 놀라운 일들과 끔찍한 일들 모두를 통해 우리가 속한 구주 예수 그리스도께 더 가까이 나아가도록 성령께서 일하신다는 것입니다.

넘어져 무릎이 까진 아이는 부모에게로 달려갑니다. 부모의 품에 안긴 아이는 금방 위로를 받고, 자신이 무릎을 다쳤다는 사실조차 까맣게 잊습니다. 사랑은 두려움을 내어 쫓습니다. 그렇다고 부모의 위로를 받은 아이가 계속해서 부모의 품에만 머물러 있는 것은 아닙니다. 우리가 알다시피 진정한 위로를 얻은 아이는 부모의 사랑으로 다시 힘을 얻어 또 다른 모험을 향해 달려갑니다.

예수 그리스도께서는 우리를 하늘 아버지의 품으로 돌아가게 하십니다. 그 품에서 우리는 자신이 누구고 누구에게 속했는지를 알고 확신하며 그분의 백성으로 다시 든든히 섭니다.

십자가의 죽음과 부활이 있고 난 후, 우리 구주께서는 하늘로 오르시고 성부의 보좌 우편에 앉으셨습니다. 하지만 그것으로 예수님의 일이 끝난 것이 아닙니다. 성령으로 말미암아 우리의 일생을 통해 계속해서 구원의 일을 이루어 가십니다. 이것이 바로 제1문답의 "그리스도께서는 성령으로 말미암아 나에게 영생을 확신하게 하시며"라는 고백이 뜻하는 바입니다. 성령께서 모든 일을 통해 우리가 그리스도와 하나가 되게 하심으로 이 확신을 누리게 하십니다. 이런 영광스런 구원의 실체를 조금씩 더 엿보고 맛보아 갈수록 삶에 대한 조망이 새로워집니다. 우리의 삶이 하나님과 그분이 하시는 일을 중심으로 이루어져 가는 것을 점점 더 보기 시작합니다. 그로 인해 우리는 이 작은 세상에 갇힌 듯한 폐소공포증에서 벗어나기 시작합니다. 교리문답이 말하는 것처럼 성령께서는 "지금부터 마음을 다하여 기꺼이 주를 위해 살도록 하십니다."

마침내 우리가 꿈꾸는 삶을 이루는 선택을 하거나, 무릎이 까지지 않고 마음이 상하지 않도록 하늘의 보호를 받는 것으로, 지칠 대로 지치고 때로 불안한 우리의 영혼이 위로를 얻는 것이 아닙니다. 예수 그리스도에 대한 신학을 잘 안다고 위로를 받는 것도 아닙니다. 예수 그리스도 그분 안에서만 우리는 위로를 받습니다.

이 교리문답은 우리 각자가 나의 유일한 위로는 "나는 내 것이 아니고 사나 죽으나 몸과 영혼이 나의 신실하신 구주 예수 그리스도의 것"이라는 사실이라고 외치도록 가르칩니다. 우리를 다시 성부와 성자와 성령의 품으로 데리고 가시는 분은 예수님입니다. 기독교 믿음의 위대한 전통은 내일과 영원을 향한 소망을 품고 다시 견고히 설 수 있도록 하는 우리의 유일한 위로로 이 사실을 항상 고백해 왔습니다.

2장. 인간의 비참함과 우리의 중보자

[제2-25문답]

아흔 살의 남성이 한 노인요양원에 있는 작은 방에 앉아 있습니다. 이곳은 연둣빛 카펫과 체리 나무로 만들어진 문들, 메리어트 호텔처럼 보이는 로비 등을 갖춘 고급요양시설입니다. 벽면은 아름다운 해변을 찍은 사진들로 장식되어 있습니다. 멋진 시설이기는 하지만 여느 가정집처럼 보이지는 않습니다. 더구나 이 시설에 사는 노인들이 그리 우아하고 고상한 여생을 보내는 것 같지는 않습니다. 이 노인의 방에는 침대, 싱크대, 집에서 가져온 팔걸이가 닳은 의자, 가족의 사진들이 붙은 옷장, 산소탱크가 있습니다. 벽에는 텔레비전이 걸려 있습니다. 여기가 이 노인이 사는 세상입니다.

날마다 그는 자신이 허비해 버린 날들을 떠올립니다. 보고서를 쓰고, 거래를 체결하고, 계약을 맺으면서 정신없이 보낸 나날들이었습니다. 항상 승진을 위해 애를 썼습니다. 일 때문에 바쁘다는 핑계로 가지 못했던 딸아이의 피아노 발표회들이 생각납니다. 딸아이가 득점을 올린 축구경기도 바쁘다는 이유로 가지 못하고 나중에 딸아이로부터 전해 들었습니다. 사랑하는 아내와는 일찍 사별했습니다. 젊은 날을 회상할 때마다 그는 자신이 항상 가족을 부양하기 위해 힘쓰는 가장이었다고 말하곤 했습니다. 하지만 언제부터인가 더는 그렇게 말하지 않습니다. 최근에는 주로 소중한 기회들을 놓쳐 버린 지난날들에 대해 후회하며 지냅니다. 그래도 그런 생각으로 인해 마음이 산란하지 않은 것은, 다시 기도하는 것을 배웠기 때문입니다. 대부분 사랑하는 자녀들을 위해 기도합니다. 자녀들 역시 아버지에게서 열심히 일하는 것만 배워서인지, 다들 일만 하느라 정신이 없습니다.

오늘은 가족과 함께 다니던 교회에 최근 새로 부임한 젊은 목사가 노인을 심방하기로 한 날입니다. 그래서 아침부터 심방을 기다리고 있습니다. 노인은 거동하기가 힘들어져서, 교회에 나가 예배를 드리지 못하고 있습니다. 이제야 비로소 진지하게 예배를 드릴 수 있겠다 싶었는데 너무 아쉽다고 생각합니다.

약속보다 삼십 분 늦게 젊은 목사가 부랴부랴 노인의 방으로 들어옵니다. 겨드랑이 사이에는 작은 성찬 도구가 들려 있습니다. 늦어서 미안하다는 사과와 함께, 그는 앉아서 성찬을 준비합니다. 노인들이 교회 공동체에 얼마나 중요한지에 대한 상투적인 말도 빼놓지 않습니다. 준비가 다 되자 곧바로 "재택성찬을 위한 예식서"를 읽기 시작합니다. 노인은 떨리는 손으로 "그리스도의 몸"이라고 불리는 작은 전병을 받아듭니다. 이 예식이 의미하는 신학적 의미는 잘 모릅니다. 하지만 어쨌든 죄 용서와 관련된 의식이라는 정도는 압니다. 노랗게 변한 치아 사이로 전병을 받아먹으며 "아멘"이라고 화답합니다. 간소한 성찬 예식을 마치고 고맙다는 말을 하려던 노인은 자신도 모르게 그만 울음을 터뜨리고 맙니다.

일정 때문에 분주하게 떠날 채비를 하던 젊은 목사도, 예기치 못한 상황에 모든 일정을 잊고 노인의 침대 곁 의자에 그대로 주저앉습니다. 그 순간에 담긴 거룩함을 포착한 것입니다. 이 노인이 지금 다 내려놓을 수밖에 없게 된 것들, 곧 가정, 건강, 가족, 직업, 미래 등을 이제 그 목사가 붙잡으려 합니다. 이 모든 것을 잃어버린 노인은 감사를 느끼고 있지만, 젊은 목사는 조금이라도 더 이루기 위해 동분서주하고 있습니다. 목사가 검버섯이 핀 노인의 손을 감싸 쥡니다. 두 사람은 아무 말 없이 앉아 있습니다.

요양소를 떠나 집으로 가는 차 안에서 목사는 개인적으로 절실하게 기도한 때가 언제인지 떠올려 보려고 하지만 도무지 생각이 나질 않습니다.

누가 묻고 있는가?

회한과 후회로 생을 마감하고자 하는 사람은 없습니다. 하지만 인생의 막바지에 이르면 삶이 너무나 빨리 지나가 버린 것을 발견합니다. 삶을 꾸려 나가느라 정작 중요한 문제들은 간과하며 살아왔습니다. 그러다 보니 어느새 인생은 종점을 향해 치닫습니다. 하이델베르크 교리문답은 잰걸음으로 허둥지둥 달려가는 이런 분주한 삶의 흐름을 끊고자 합니다. 그래서 이 교리문답은 인생의 가장 중요한 문제들에 대해 진지하게 묻습니다. 무슨 직장을 구하고, 어떻게 꿈을 성취하고, 누구와 결혼하고, 어떻게 인생의 도전에 맞서는지에 관한 질문들이 아닙니다. 물론 그것들 모두 하나같이 중요한 일인 것은 분명합니다. 하지만 이런 질문들은 정작 우리가 인생을 회한으로 마칠지 아니면 송영으로 마칠지를 결정하는, 영혼에 관한 더 심대하고 핵심적인 질문들을 외면하게 합니다.

묻는 사람이 누구냐에 따라 그 질문에 대한 우리의 반응은 달라집니다. 식료품점 계산대에서 "안녕하세요?"라고 묻는 점원은,

손님에게서 진지한 대답을 기대하는 것이 아닙니다. 그것을 잘 아는 우리는 그저 "네, 안녕하세요"라고 말하며 돈을 건네고는 물건을 챙겨서 가게를 나섭니다. 자기 뒤에 길게 늘어선 사람들은 아랑곳하지 않고, 점원이 으레 던지는 질문에, 요즘 자신이 관절염 때문에 얼마나 힘든지 이야기를 늘어놓지는 않습니다. 하지만 만약 당신을 사랑하는 사람이 당신의 두 어깨에 손을 얹고 눈을 응시하면서 조용히 같은 질문을 한다면 문제는 달라집니다. 그것은 당신에게서 형식적인 대답이 아니라 진실을 듣고 싶어 한다는 것입니다.

"사나 죽으나 당신의 유일한 위로는 무엇입니까?" 하이델베르크 교리문답의 이 첫 질문은 수세기에 걸쳐 울려 퍼졌습니다. 그런데 이것은 누가 던지는 질문입니까? 그리스도인들이 오랫동안 서로 주고받아 온 많은 신학적 질문들 가운데 하나로, 그냥 형식적으로 정답을 말하듯, "예수님"이라고 하고 지나가면 되는 질문입니까? 그렇지 않습니다. 이 질문을 그렇게 받아들인다면, 신학을 "천국에 투사된 인간적 바람과 갈망" 정도로 제한하는 것이며, 믿음을 동경으로, 경건을 바른 신앙적 대답 정도로 축소하는 것입니다.

신학자인 에버하르트 부쉬(Eberhard Busch)는 인간이 던지는 이런 질문의 중심에는 대상이나 인격적인 신이 없다고 주장합니다. 그저 그런 존재가 있기를 바라는 마음에서, 하나님과 대화를 하는 것이 아니라 단지 하나님에 관한 대화를 한다는 것입니다. 기껏해야 이런 신학은 위로를 바라는 인간의 공통적인 열망을 드러낼 뿐입니다. 우리가 예수님을 통해 이런 위로를 얻는다고 생각하는 것은 다른 사람들이 그런 생각을 제안했기 때문이라는 것입니다.

그러나 "사나 죽으나 너의 유일한 위로가 무엇이냐?"고 물어 오는 분이 하나님이라면 어떻게 하겠습니까? 모든 것이 달라집니다. 당신을 진정으로 위로할 수 있는 유일한 존재가 당신의 영혼을 깊이 응시하며 당신의 두 어깨에 손을 얹고, "잘 지내니?"라고 물어 온다면 어떻게 하겠습니까? "네"라고 툭 던지고는 계속해서 가던 길을 재촉할 사람은 아무도 없을 것입니다. 잘살아 보겠다는 모든 분주함과 소란함이 별안간 고요해지고 모든 동작이 죽은 듯 멈춥니다. 하나님께 진실을 말씀드리지 않을 수 없기 때문입니다. 이것이 바로 신학과 교리문답과 신앙고백의 질문들이 가진 진정한 기능입니다. 이것은 단지 인간들 사이의 대화, 혹은 개인 간의 대화, 한 걸음 더 나아가 우리보다 앞선 믿음의 위대한 전통 간의 대화만을 시작하게 하지 않습니다. 우리의 진정한 위로자인 하나님과 친밀하고 거룩한 대화를 시작하도록 합니다.

진정한 영성이란 불안과 염려를 해소하기 위해 무엇을 구하는 인간의 열망에서 비롯되는 것이 아닙니다. 우리에게 물어 오시는 하나님과 더불어 시작합니다. 그리고 하나님의 이런 질문에 형식적으로 하는 대답이란 있을 수 없습니다.

"너의 유일한 소망은 무엇이냐?"라는 하나님의 질문에 수년간 우리가 배워온 모든 반응은 자취를 감춥니다. 하나님의 질문에 우리는 "글쎄요. 열심히 일할 수만 있으면 좋겠어요", "정말 좋은 엄마가 되는 거예요", "건강할 수만 있으면……"이라고 대답할 수 없습니다. 하나님께서 물어 오시는 순간, 우리는 이런 반응으로는 충분치 않다는 것을 깨닫습니다. 그러므로 우리 입술에서는 진실이 흘러나올 수밖에 없습니다. 안락하게만 보이는 삶의 이면에 자리한 깊은 불안과 염려는 우리가 붙드는 그 무엇으로도, 우리가 가진 그 어떤 것으로도 누그러뜨릴 수가 없습니다.

이런 거룩한 대화를 통해 하나님은 그런 질문을 하실 뿐 아니라, 우리의 삶에 도사린 심각한 모순에 직면하게 하십니다. 이 모순은 바로 우리가 두려움과 염려를 떨쳐 버리고자 힘썼던 그 모든 것이 오히려 하나님에게서 더 멀어지게 했다는 것입니다. 성경은 이것을 일컬어 죄라고 합니다.

우리는 직장을 잃을까 노심초사하면서 항상 안정된 직장을 얻으려고 합니다. 그리고 매일 자녀를 대하면서 자신이 얼마나 부족한 부모인지를 절감합니다. 언젠가는 건강을 잃을 날이 올 것도 압니다. 이런 일들에 대해 우리가 보이는 반응을 우리는 죄라고 생각하지 않습니다. 피치 못할 인생의 한계 속에서 그저 최선을 다할 뿐이라고 여깁니다. 하지만 하나님과 우리를 분리하는 것은 무엇이나 죄입니다. 불안한 우리 영혼을 달래기 위해 하나님이 아닌 다른 것을 끊임없이 추구하는 것은 다름 아닌 하나님과 우리가 분리되었다는 분명한 표시입니다. 이런 우리에게 하나님은 단도직입적으로, 그러나 은혜롭게 "사나 죽으나 너의 유일한 위로가 무엇이냐?"고 물으심으로써, 우리가 위로를 얻으려고 추구하는 모든 것과 하나님이 아닌 모든 사람은, 오히려 우리를 하나님에게서 멀어지게 할 뿐이라는 사실을 드러내 주십니다. 이것이 바로 잃어버린 하나님의 자녀들에게서 드러나는 죄요, 하나님과의 분리입니다.

모든 동료가 퇴근한 늦은 저녁, 고급스럽게 잘 꾸며진 한 법률사무소에서 한 여성이 자리를 뜰 줄 모르고 계속 일을 합니다. 일이 좋아서가 아닙니다. 내심 회사 사람들이 열심히 일하는 자신을 알아주었으면 하는 바람이 있습니다. 천장에 달린 등에서 윙하는 미세한 소음이 의식될 정도로 사무실은 조용하기만 합니다. 쓰레기통을 비우려고 들어온 청소부와 잠시 이야기를 나눕니다. 이내 다시 혼자 남은 그녀는 갑자기 울적한 마음이 듭니다. 그전까지는 몰랐습니다. 조금 전 청소부와 잠시 나눈 한담이 하루 중 가장 기억에 남는 시간이었기 때문입니다. 다시 문서를 작성하려고 컴퓨터 모니터를 응시합니다. 하지만 그것도 잠시, 그녀에게는 별로 중요하지도 않은 문서의 내용이 너무 하찮게 다가옵니다. 더구나 그것을 중요하게 읽을 사람도 없을 것 같습니다.

자신에게도 별로 중요해 보이지 않는 삶을 위해 그렇게 열심히 일해야 하는 이유가 무엇인지 자괴감이 듭니다. 동료들은 근처 술집에 모여 있습니다. 같이 가자고 했지만 거절했습니다. 종일 사무실에 앉아서 별로 중요하지도 않은 일을 하는 것만큼이나, 마음에도 없는 대화를 주고받느라 하릴없이 몰려다니는 것도 별로 탐탁지 않기 때문입니다. 오늘 밤도 여느 밤과 다르지 않을 것을 잘 압니다. 지금 퇴근해도 뭐라 할 사람도 없고 누가 알아주는 것도 아니지만, 오늘도 그냥 늦게까지 사무실에 앉아 있다가 집으로 나설 것입니다. 자신의 자동차를 타고 혼자 사는 고층 아파트로 가서, 지난밤 실망스러웠던 데이트 후에 싸온 음식을 전자레인지에 데워 먹으며 심야 TV를 보다가 잠을 청할 참입니다.

또 다른 여성이 있습니다. 음료수 공장에 다닙니다. 종일 그녀가 하는 일은 음료가 병으로 제대로 들어가는지 지켜보는 것입니다. 오늘도 일과를 거의 마쳐갑니다. 기계적이고 단편적인 일이라 아무 생각 없이 있기가 십상이지만, 절대 그러지 않으려고 애를 써 왔습니다. 물론 그녀도 할 수만 있으면 이런 단순직보다는 편안한 사무실에서 더 나은 급여를 받으며 일했을 것입니다. 하지만 그런 직업에 필요한 고등교육을 받을 기회가 없었습니다. 그렇다 해도 지나간 기회들을 아쉬워하면서 시간을 보내지는 않으려고 합니다. 일할 수 있다는 것만으로도 감사하기 때문입니다. 직장 동료들은 문제가 있을 때마다 가장 먼저 그녀에게 달려오곤 합니다. 이런 관계 때문에 자신이 이 공장을 떠나지 않는다는 것을 그녀는 잘 압니다.

일과를 마치고 음료수 병이 돌아가는 기계의 전원을 끌 때면, 잠시 목에 걸린 작은 십자가를 만지작거립니다. 하루를 무사히 마치게 하신 것에 감사하는 것입니다. 앞치마에 손을 닦고 앞치마를 벗습니다. 공장을 나선 그녀는 노숙자 쉼터로 향합니다. 그곳에서 교인들과 함께 자원봉사를 합니다. 쉼터에 도착하자마자 곧바로 노숙자들에게 배식하는 일을 돕습니다. 쌀밥에 통조림 스튜를 부어내는 것이 오늘 메뉴입니다. 만면의 미소로 유독 얼굴에 주름이 많이 잡힌 노숙자에게 접시를 내밀며 인사를 건넵니다. "하나님의 축복이 함께하시길."

죄와 비참함

하이델베르크 제2문답은 인간을 파괴하고 무능력하게 하는 죄의 문제에 우리가 직면하게 합니다. 흥미롭게도 이 부분은 교리문답에서 가장 짧습니다. 목회적 성격에 걸맞게 이 교리문답은, 우리가 죄를 고백하는 것은 죄책 아래서 신음하기 위한 것이 아니라 죄책에서 자유롭게 되는 위로를 발견하기 위함이라는 사실을 상기시킴으로 시작합니다.

죄를 범한다는 것은 잘못된 일을 하는 정도가 아닙니다. 우리를 하나님에게서 분리하는 권세에 굴복하는 것입니다. 노예나 중독자들처럼 우리는 죄로부터의 자유를 갈망합니다. 하지만 우리 스스로는 죄의 폭압에서 벗어날 수 없습니다. 아무리 애쓰고 노력해도 소용없습니다. 하나님의 정죄를 가차 없이 받아들이고 순복할 때 비로소 예수 그리스도 안에서 자유롭게 하시는 하나님의 은혜가 강물처럼 우리 영혼으로 흘러듭니다. 하지만 먼저 사죄와 자유의 길이 있다는 좋은 소식을 들어야 자신의 죄를 고백할 담력을 얻을 수 있습니다. 이 교리문답이 하나님을 떠난 우리의 죄악 됨과 죄의 종노릇하는 것의 실체를 깊이 파고들기 전에, 먼저 자유를 선포하는 이유가 여기 있습니다. 우리의 구원에 담긴 거룩한 위로를 발견할 때 비로소 우리는 자신이 받은 구원에 감사하는 삶을 살아갑니다.

죄로부터의 자유를 발견하고 감사의 삶을 사는(제2문답) 이 고백의 순서는 이어지는 교리문답의 대요입니다. 죄가 가진 파괴적인 능력을 자세히 파고드는 가운데, 놀랍게도 이 교리문답은 죄를 단지 하나님의 율법을 거스르고, 바른 행실을 하지 않고, 다른 사람에게 해를 끼치고, 우상을 섬기는 정도로만 말하지 않습니다. 물론 이 교리문답의 저자들은 이런 것들 역시 죄로 규정합니다. 하지만 저들의 관심은 죄를 죄로 규정하는 것을 넘어 이런 죄로 빚어지는 결과에까지 미치고 있습니다. 죄는 우리를 비참하게 합니다.

죄책 아래 있는 사람은 하나님과 누리는 교제의 즐거움과 위로에서 단절됩니다. 사실 우리는 **하나님과의 교제**(Communion with God)라는 말을 즐겨 사용하지 않습니다. 성인(saint)이라고 일컫는 사람들이나 신비주의자들에게 어울리는 초감각적인 은사를 가리키는 것처럼 들릴 위험이 있기 때문입니다. 하지만 성경은 하나님과의 사랑스러운 관계를 위해 우리가 지어졌다고 말합니다. 그 처한 환경이 어떠하든지 간에, 하나님과의 이런 관계를 누릴 때 우리는 비로소 온전히 살아납니다. 우리가 기도하고, 개인적으로 성경을 읽고, 예배하고, 신령한 공동체에 참가하고, 세상에서 하나님의 선교에 참여하는 것도 이 때문입니다. 서로 사랑하는 사람들이 함께 시간을 보내는 것과 같은 이유입니다. 그렇게 함으로 우리는 사랑하는 거룩한 분께 더 가까이 갈 수 있습니다. 무엇이나 이런 교제로부터 멀어지게 하는 것은 죄입니다. 그리고 그 결과는 항상 마찬가지입니다. 사랑하는 사람과의 관계가 어그러졌을 때 너무 비참한 것처럼, 하나님과의 교제가 단절된 인간의 상태는 비참함 그 자체입니다.

앞에서 우리는 상반되는 직업만큼이나 서로 극명하게 대비되는 삶을 사는 두 여인의 이야기를 읽었습니다. 한 여인은 소망과 기쁨으로 살아가는 반면, 다른 여인은 비참하게 살아갑니다. 무엇이 이런 차이를 만들어냅니까? 얼마나 좋은 직업을 가졌느냐가 아닙니다. 이 두 여인 간에 차이가 있다면, 공장에서 일하는 여인은 법률사무소의 여인과 달리 자신의 창조주와 교제를 누리며 살아간다는 것입니다. 그녀가 처한 환경이 그녀를 규정하지 못합니다. 오히려 이 여인은 자신이 하늘에 계시는 아버지의 사랑을 입은 딸이라는 자신의 정체성을 잘 알고 있습니다. 자신이 하는 단조로운 일조차 순간순간 하나님이 지켜보고 계심을 인식합니다. 이로 인해 주위 동료들에게 그녀가 누리는 영원한 가치와 소망에 대해 말할 기회를 얻습니다. 그러나 다른 여인은 자신의 생득권을 무시하고 살아갑니다. 에서가 그랬던 것처럼, 자신의 영혼을 전혀 의미와 가치를 주지 못하는 일에 팔아버린 것입니다.

만약 법률사무소에서 일하는 비참한 여인에게, 차라리 음료수 공장에서 일하더라도 기쁨으로 일할 수 있다면 그렇게 하겠느냐고 묻는다면, "아니요. 그러지 않겠습니다"라고 대답할 가능성이 큽니다. 그녀에게는 하나님과의 교제에서만 누릴 수 있는 즐거움과 환경에 휘둘리지 않는 기쁨보다는 중독성 있는 죄의 능력이 더 강하기 때문입니다.

신자가 되기 전 아우구스티누스(Augustinus)의 처지가 이와 비슷했습니다. 그런 와중에도 자신의 비참함에서 벗어나고자 하는 열망이 없었던 것은 아닙니다. 하지만 그런 열망만으로는 아무런 변화도 가져올 수 없었습니다. 하루는 아우구스티누스가 황제가 듣기 좋아하는 온갖 거짓말로 채워진 연설을 하러 가던 중이었습니다. 지금까지의 삶에 대해 자신이 느끼는 것과 마찬가지로, 그날도 그런 연설을 하러 가는 자신이 너무나 비참하게 느껴졌습니다. 그러다 길거리에서 구걸하는 한 거지를 보았는데, 아주 즐거워하는 표정이었습니다. 아우구스티누스는 자신이 그토록 원하는 즐거움이 그 거지에게 있기는 하지만, 그것을 얻자고 지금 자신과 거지의 처지를 바꿀 마음은 추호도 없음을 알았습니다. 죄 가운데 비참하게 사는 것은 맞지만, 그렇다고 죄를 버리기에는 죄가 가져다주는 안락함이 너무 컸던 것입니다. 그런 죄의 권세와 결별하는 것을 생각하지도 못할 만큼 이미 죄와 하나가 되어 살아가고 있었습니다. 아우구스티누스는 알고 있었습니다. 그 삶으로는 전혀 기쁨을 누리지 못할 것이라는 점, 그리고 한편으로는 그 삶을 비참하게 여기면서도 다른 한편으로는 그 삶을 탐닉하고 있다는 점을 말입니다.

성경이 죄에 대해서 말하는 것이 바로 이것입니다. 단순히 우리가 어기는 규칙과 잘못을 가리키는 것이 아닙니다. 이 교리문답이 **죄들**에 대해 말하지 않고 **죄**에 대해 말하는 이유가 바로 여기 있습니다. 교리문답은 우리가 무엇 혹은 누군가를 우리 삶에서 하나님처럼 여기게 될 때, 우리를 질식시키는 그 비참한 상황에 초점을 맞추기 때문입니다.

원죄 교리는 처음부터 우리가 모두 어떻게 죄인이 되었는지를 설명합니다. 하지만 이 교리문답은 거기서 머물지 않고 한 걸음 더 나아가, 하나님께서 애초에 우리를 지으실 때 주셨던 선함을 이야기합니다.

하나님께서는 사람을 선하게 자신의 형상을 따라
곧 참된 의와 거룩함으로 창조하셨습니다.
그리하여 사람이 창조주 하나님을 바르게 알고
온 맘으로 하나님을 사랑하며
영원히 행복하게 하나님과 함께 살면서
하나님께 찬양과 영광을 돌리도록 하셨습니다(제6문답).

인간은 하나님을 친밀히 알고 교제하는 존귀한 목적을 위해 지어졌습니다. "그 날 바람이 불 때"(창 3:8) 하나님께서 아담과 하와가 있는 에덴동산을 거니시는 것을 보십시오. 20세기 러시아 정교회 예배학자인 알렉산더 슈메만(Alexander Schmemann)이 가르친 것처럼, 하나님은 인간이 감사하며 누리도록 에덴동산의 실과들을 주셨습니다. 원래 인간의 모든 삶은 하나님의 거룩함을 경험하고 누리는 것이었습니다. 우리의 원죄는, 창조주를 향한 감사의 표현으로가 아니라 단순히 자기 안에 있는 욕망으로 그 실과를 따 먹은 것이었습니다. 그 이래로 인간의 역사는 우리 자신의 선한 형상을 따라 스스로 에덴을 재창조해 보려는 노력으로 점철되었습니다. 사랑하는 창조주와의 교제를 잃어버리고 신과 같이 된 자신에게 집착해 살아갔습니다. 하지만 우리는 전혀 신처럼 살아가지 못합니다. 그렇게 자신의 삶에서 에덴을 재창조하려는 우리의 전략은 거룩한 즐거움과 기쁨의 상실로 드러날 뿐입니다. 바로 그때 하나님께서 우리를 찾아오십니다. 그러고는 죄의 비참함이라는 덤불 사이에 숨은 우리를 찾아내십니다(창 3:1-10).

내가 지금까지 목회를 통해서 발견한 사실은, 사람들은 이런 죄의 비참함 가운데 살아가기 때문에 변화를 원치 않는다는 것입니다. 직장을 바꿔 보기도 하고, 새로운 곳으로 이사하기도 하고, 차를 바꿔 보기도 하고, 새로운 관계를 찾아보기도 하지만, 이런 노력은 다 부질없습니다. 비참한 상태에 그대로 머무르면서, 그저 가구들만 이리저리 바꿔 보는 것에 불과하기 때문입니다. 정말 필요한 것은 새로운 삶의 자리에서 살아가는 새 생명입니다. 성공적인 삶을 위한 또 다른 궁리를 그치고 하나님이 주시는 생명을 받는다는 것이 무엇인지 곰곰이 생각하는 것입니다. 다시 말해, 자기 삶에 대한 주도권을 포기해야 합니다. 그러나 이런 요구에 우리는 대개 기겁을 합니다. 내 경험에 비추어 볼 때, 사람은 자신이 알지 못하는 신비를 추구하기보다는 이미 익숙한 비참함을 더 선호합니다. 하지만 이미 익숙해진 비참함에 그대로 뭉개고 사는 것보다 더 악한 것도 없습니다.

우리의 비참함

몇 년 전 내 아이가 아주 위험할 만큼 고열에 시달린 적이 있었습니다. 나는 아이를 데리고 황급히 응급실로 달렸고, 의사는 능숙한 솜씨로 열을 가라앉혔습니다. 하지만 그때 집에 체온계가 없었다면 아이가 얼마나 위험한 상태였는지 제대로 알지 못했을 것입니다. 이것이 바로 우리가 하나님의 율법을 통해 누리는 은혜입니다. 이 교리문답이 가르치는 것처럼, 율법을 통해 우리는 자신이 얼마나 비참한지를 압니다(제3문답). 이것이 은혜입니다. 아무리 위험한 고열이라도, 누구나 똑같이 열이 나고 있으면 별문제가 없다고 여기기 마련입니다. 하지만 주변의 많은 사람이 함께 앓는다고 위험한 고열이 덜 위험해지는 법은 없습니다. 율법은 우리 영혼의 열병인 죄가 얼마나 심각한 것인지를 드러내 줍니다.

오늘날 서구 사회, 혹은 서구화된 사회를 살아가는 사람들은 죄로 말미암은 비참함과 절망에 너무도 익숙해져서, 그것을 별것 아닌 것처럼 생각하기가 십상입니다. 한 세대 전, 내가 어렸을 때

시어스 로벽(Sears Roebuck) 같은 백화점 광고에 나온 사람들은 하나같이 하얀 이를 드러내 놓고 활짝 웃는 모습이었습니다. 그들이 입은 옷을 사 입으면 우리도 그들처럼 행복해 보일 수 있다고 말하는 것 같았습니다. 그것은 행복은 자신이 바라는 것을 얻는 데 있다는 위험한 전제가 내포된 어리석은 상술에 불과합니다. 반면 오늘날 패션모델들은 종종 슬프고 어두운 표정을 짓고 있습니다. 때로 수척해 보이기까지 합니다. 마치 "우리가 파는 청바지를 사라. 당신이 얼마나 슬픈 삶을 사는지 우리가 다 이해한다. 하지만 괜찮다. 실망하는 것도 근사한 일이다"라고 말하는 것 같습니다. 사람들이 옷을 사는 것은 그것이 멋지게 보이기 때문만은 아닙니다. 절망도 스타일을 평가하는 우리의 기준이 된 지 오래입니다. 우리 가운데 너무나 많은 이들이 절망 속에서 그냥 살아가기 때문입니다.

물론 손에 넣지도 못할 행복을 이룰 수 있을 거라 믿으며 그것을 추구하고 사는 사람들이 있습니다. 자신이 바라는 행복에 대한 믿음과 기대가 너무 커서, 그것에 걸림돌이 되는 법이나 기준, 그런 추구에 대한 부정적인 판단은 깡그리 무시합니다. 무슨 수를 써서라도 행복을 추구할 수 있는 것을 그들은 자유라 부릅니다. 하지만 행복을 추구하면 할수록 그런 추구가 얼마나 부질없는 것인지 여실히 드러납니다. 어딘가에 있을 거라 믿는 행복을 위해 이 사람과의 관계에서 저 사람과의 관계로, 이 직장에서 저 직장으로, 이 경험에서 저 경험으로 옮겨가기를 쉬지 않습니다. 하지만 이런 과정을 통해 그들이 발견하는 것은 자신의 목마름이 그 어떤 것으로도 해소될 수 없다는 사실뿐입니다. 이런 자기중심적인 행복 추구는 아무리 노력해도 손에 잡히지 않는, 현대인의 무자비한 신입니다. 절망만큼이나 우리를 사로잡아 후리고 지배하는 요녀입니다.

최근 일단의 심리치료사들이 치료를 위해 방문한 20대 환자들에게서 공통으로 드러나는 반갑지 않은 한가지 추세를 발견했습니다. 베이비붐 세대를 부모로 둔 이들은 성년이 되기까지 너무 많은 압박과 중압감 속에 자랐습니다. 그들의 부모는 자기 자녀만큼은 반드시 행복하게 자라야 한다는 강박감을 가지고 있었습니다. 이런 세대들이 모여서 이제는 행복이 목적이 된 세대가 생겨난 것입니다. 그들은 무슨 대회를 나가든 성취 여부와 상관없이 저마다 트로피를 하나씩 받아 들고 왔습니다. 자녀가 학교 숙제를 너무 어려워하고 부담을 느끼면, 바로 다음 날 부모는 학교로 달려가 교사에게 따졌습니다. 일시적인 변덕일지라도 자녀가 기타를 연주하고 싶어 하면, 부모는 곧장 시중에서 가장 좋은 기타를 들려주며 잘 가르친다고 소문난 교습소를 찾아 등록시켰습니다. 그러다가 갑자기 자녀가 기타를 그만 배우겠다고 해도, 부모는 별로 아쉬워하지 않았습니다. 자녀의 안전을 최우선으로 집이 설계되었고, 아이들을 위한 카시트는 차를 몰고 대기권을 진입해도 끄떡없을 만큼 튼튼해 보이는 것들로 선택했습니다. 놀이나 운동을 해도 항상 부모가 지켜보는 가운데 하는 것이 당연하게 여겨졌습니다. 부모는 항상 자녀들이 다칠까 봐 노심초사했습니다.

그렇게 성년이 된 청년들 가운데 어떤 이들은 좋은 직장을 갖지 못하거나, 대학 졸업 후 다시 부모의 집으로 들어와 사는 자신의 모습에 놀랍니다. 하지만 정작 치료사들을 놀라게 하는 것은, 치료를 위해 찾아오는 내담자들이 하나같이 좋은 직업에, 멋진 차에, 자기만의 아파트에서 독립된 생활을 하는 청년들이라는 사실입니다. 치료사를 찾아온 청년마다 "나는 행복하지 않아요"라는 하소연으로 이야기를 시작합니다. 치료사의 이런저런 질문과 이야기를 통해, 자신의 삶이 사실은 지금보다 훨씬 더 행복하게 느낄 이유가 있음을 알게 된 청년들은 "그러고 보니 저는 행복한 사람 같네요. 아니, 행복해질 수 있겠어요"라고 말합니다. 물론 항상 현재보다 더 행복해질 수는 있을 것입니다. 하지만 이런 청년들을 상담한 치료사들의 한결같은 결론은, 행복은 인생의 목표로 삼을 만한 것이 아니라는 것입니다. 부모는 자녀가 이보다 고상한 것들을 열망하도록 해야 합니다.

인생에서 우리가 저지르는 최악의 잘못 가운데 어떤 것들은 행복해지려는 노력과 더불어 시작됩니다. 이 교리문답은 인간이 공통으로 처한 비참함은 아담과 하와만큼이나 오래된 것이라고 합니다(제7문답). 성경의 창조기사에 따르면, 에덴동산에서조차 인간은 모든 것을 누리지 못했습니다. 동산 중앙에 있는 "선악을 알게 하는 나무"의 실과만큼은 인간에게 허락되지 않았기 때문입니다. 아담과 하와는 동산에서 이 실과를 지나칠 때마다, 자신들이 모든 것을 다 가지도록 창조된 것은 아니라는 사실을 떠올렸을 것입니다. 이것이 바로 낙원에 대해 정하신 하나님의 뜻이었습니다.

우리 역시 항상 무엇인가가 없는 것을 느끼며 살 수밖에 없습니다. 이것은 창조주가 아닌 피조물로 존재하는 것들의 엄연한 실체입니다. 창조주만이 전혀 부족함이 없는 온전하고 완전한 존재입니다. 하지만 저마다의 작은 낙원에 있는 조그마한 결핍들은 우리를 사납게 불안과 염려로 몰아갑니다. 이로 인해 우리가 받아 누리는 많은 열매에 대해 기뻐하고 감사하는 대신, 우리에게 없는 조그마한 것에 집착하게 됩니다. 그것을 잡으려고 우리가 가진 피조물로서의 한계조차 무시하려는 유혹에 빠집니다. 그러고는 우리의 삶에서 이루 말로 다 할 수 없을 만큼 엄청난 손해를 입습니다. 그제야 비로소 하나님께서 우리에게 주신 삶 자체가 낙원이었음을 깨닫습니다. 그야말로 실낙원입니다.

한 여인이 식물인간 상태로 죽어가는 어머니를 보기 위해 비행기로 급하게 어머니가 누워 있는 병원을 찾았습니다. 요 몇 년간 어머니와 사이가 별로 안 좋았던 터라 착잡한 마음을 가눌 길이 없었습니다. 행복에 대한 이해가 서로 달랐고, 항상 서로를 아프게 하고 실망하게 하면서 지냈습니다. 이제 의식도 없이 병상에 누워 있는 어머니 곁에 앉은 딸의 귓가에, 그런 관계를 해소하기 위해 언제 시간을 내서 한번 오라던 어머니의 목소리가 쟁쟁합니다. 이럴 줄 알았으면 어떻게든 어머니에게 와서 사랑한다는 말을 전했을 것입니다. 그렇게 자책하며 이 딸은 자신의 목소리를 들을 수 없는 어머니에게 무슨 말이라도 해보려고 합니다. 그때까지 이 딸은 손에 잡을 수 없는 행복을 찾느라 하나님께서 주신 어머니와의 관계를 잃어버린 것입니다. 물론 아무리 좋은 관계라도 한계나 부족함은 있기 마련입니다. 하나님이 마련해 주신 선물로서의 관계를 잃고 나서야, 이 딸은 이제 누릴 수 없게 된 어머니와의 그 관계가 바로 낙원이었음을 깨닫습니다. 하지만 너무 늦었습니다.

하나님께서 복으로 마련해 주셨으나 인간의 욕망으로 허물어진 경계들로 인하여 인간의 비참함을 적나라하게 보여 주는 것이 율법입니다. 낙원에서 벌거벗은 아담과 하와가 수치를 느낀 것이 상징하는 대로, 우리는 서로 간의 관계라고 하는 낙원을 잃어버렸을 뿐 아니라, 우리를 지으시고 사랑하시는 하나님을 피해 숨어버렸습니다. 이는 잠시 있다가 금방 사라지거나 잊힐 문제가 아닙니다. 제9문답이 말하는 바와 같이 아담의 타락 이래로 인간은 창조주께서 주신 선물들을 상실한 채로 이 땅에 태어나 살아갑니다. 율법은 이처럼 우리 영혼에서 끓어오르는 죄라고 하는 열병을 묘사합니다.

구약에 기록되었다는 이유로 율법을 고대의 행동 규범 정도로 생각하여, 예수님의 구원사역 이후의 시대를 살아가는 사람들에게는 율법을 적용할 수 없다는 교인들이 있습니다. 물론 예수님 덕분에, 우리가 도무지 다다를 수 없는 율법의 완전한 수준에 이르지 못해서 구원받지 못할까 봐 염려하지 않아도 되는 것은 사실입니다. 하지만 그것이 곧 율법이 구원받은 신자들과 상관없어졌다는 말은 아닙니다. 예수님이 오신 것은 율법을 없이하고자 함이 아닙니다. 오히려 완전하게 하려고 오셨습니다(마 5:17-29).

하이델베르크 교리문답이 이 시점에서 십계명을 설명하는 대신, 우리의 온 마음과 목숨과 뜻을 다해 하나님을 사랑하고 이웃을 우리 자신처럼 사랑하라는 예수님의 대강령에 초점을 맞추는 것도 바로 이런 사실 때문입니다(제4문답, 마 22:37-40). 그런데 이 율법의 대강령을 잘 숙고해 보면, 예수님께서는 분명히 우리가 율법과 상관없이 살아도 된다고 말씀하시는 것이 아닙니다. 예수님께서는 우리가 온전히 이 율법에 따라 심판을 받는다고 말씀하십니다. 우리는 "본성적으로 하나님과 이웃을 미워하는 성향이 있다"는 교리문답의 진술에 소스라치게 놀랍니다(제5문답). 우리 중 누구도 하나님이나 이웃을 충분히 사랑하지 않고 있다는 사실을 부정하지는 않을 것입니다. 하지만 그들을 미워한다니요? 좀 지나치다는 생각이 들 것입니다. 이 문답의 핵심은 항상 우리가 자신을 하나님과 이웃보다 우선시한다는 것이며, 우리가 가진 비참한 무정함을 정의하는 것입니다. 그러므로 우리는 어떻게 자신을 사랑해야 하는지도 모르는 것입니다. 인생에서 가장 사랑스러운 것은 하나님과 이웃에 대한 헌신이기 때문입니다. 이것이 없이는 아무리 성공하고 진지하게 산다 할지라도 인생은 항상 비참함 그 자체입니다.

죄에는 항상 결과가 따른다는 사실을 교리문답은 분명히 말합니다. 그리고 그 결과는 비참함입니다. 이 땅을 지나는 동안 우리가 느끼는 비참함은 영원한 지옥의 경험일 수밖에 없습니다. 지옥은 죄 가운데 우리가 항상 바라고 원했던 것, 곧 하나님과 분리되는 자리입니다. 성경의 어떤 부분과 중세 기독교 문서의 많은 부분이 지옥을 불과 영원한 고통의 자리로 묘사합니다. 그러나 하나님의 거룩함을 누리기 위해 지어진 피조물에게 이제와 영원히 하나님으로부터 분리되는 것보다 더한 고통은 없습니다.

하나님은 자비로우시고 우리 죄를 용서하십니다. 하지만 하나님의 의로우심을 모르고서는 그분의 자비를 이해하지 못합니다. 하나님은 처음 인간을 창조하신 대로 우리가 하나님의 형상을 간직한 자로 살아갈 것을 줄기차게 요구하십니다. 죄로 인한 우리 관계의 근본적인 분리를 해결하기 위해서는 속죄와 화해가 있어야 합니다. 죄를 속한다는 것은 어그러진 것을 바로 잡기 위해서 필요한 일을 하는 것입니다. 설사 우리가 지금까지 자신이 거스른 의로운 율법의 요구를 보상한다고 할지라도—물론 우리는 전혀 그렇게 할 수 없지만—우리 죄로 인해 하나님의 마음을 무너뜨리고 모욕한 것은 어떻게 무엇으로 보상한단 말입니까? 우리는 하나님의 공의가 요구하는 바를 충족시킬 수 없을 뿐 아니라, 선악 간에 우리가 할 수 있는 일이라고는 "날마다 우리의 죄책을 더해 갈 뿐"입니다(제13문답). 밧세바와 죄를 범한 후 다윗이 말하는 것처럼(삼하 11장), 우리의 죄를 다루기 위해 우리가 할 수 있는 것이라고는 그저 죄를 더하는 것밖에 없습니다. 그렇다면 어떻게 하나님께로 돌아가는 길을 찾는단 말입니까?

지난 이천 년 동안 신학자들은 속죄를 이해하는 다양한 방식을 제시했습니다. 우리 죄로 인한 합당한 대가를 치르기 위해 예수 그리스도가 죽어야 했음을 강조하는 신학자가 있는가 하면, 다른 신학자는 성육신과 십자가의 고난을 통해 우리의 비참함과 상함을 짊어진 하나님에게 초점을 맞추었습니다. 속죄를 설명하는 모든 신학은 공통으로 우리에게 구주가 필요하며, 오직 의로우신 하나님만이 그런 자비를 베풀 수 있다고 말합니다. 우리가 아무리 열심히 노력하고 탁월한 영적 통찰력을 얻는다고 해도, 그것만으로는 낙원을 다시 얻고, 하나님과 화해하고, 하나님과의 거룩한 관계를 회복할 소망조차 없습니다. 소망은 우리가 도덕적으로 하나님께 도달하는 데에 있는 것이 아닙니다. 하나님께서 우리에게 내려오시는 것이 우리의 소망입니다. 이렇게 하이델베르크 교리문답은 이제 우리를 예수 그리스도께로 데려갑니다.

우리의 중보자

교리문답은 예수 그리스도를 중보자라 부름으로써 그분의 인격과 사역이 무엇인지를 말하고 있습니다. 흔히 중보자라고 하면 서로 대립하는 두 진영 사이에서 화해를 중재하는, 말 그대로 중립적인 위치에 있는 존재를 생각합니다. 하지만 교리문답이 말하는 중보자는 이와 다른 존재입니다.

　우리의 중보자는 우리의 의로움을 주장하면서 하나님께 화해를 촉구할 수 없습니다. 그러기에는 우리의 죄가 너무나 크고 많습니다. 하나님께서는 우리를 "참된 의와 거룩함"으로 지으셔서, 우리가 하나님과 교제하며 살도록 하셨습니다(제6문답). 그렇게 지어진 우리가 거룩함을 저버림과 동시에 하나님을 잃어버렸습니다. 구원이란 하나님과의 이런 관계를 다시 회복하는 것을 뜻하기에, 하나님께서 원래 의도하신 거룩하고 의로운 피조물로서의 정체성을 회복하지 않는 한, 우리는 구원을 기대할 수 없습니다. 하나님께서 처음 의도하신 의와 거룩함을 우리가 임의로 완화한다고 구원을 얻을 수 있는 것이 아닙니다.

중세의 수도사들은 세상의 죄를 위해 참회의 고행을 했습니다. 세상의 구속을 위해 기도하면서 일생을 보냈던 것입니다. 하지만 안셀무스(Anselmus)가 분명히 말한 대로, 모든 인간은 죄인이고 어떤 죄인도 다른 사람의 죄를 위한 중보자가 되어 죄를 대속할 수 없습니다. 교리문답은 안셀무스를 따라 이렇게 말합니다. "어떤 피조물도 죄에 대한 하나님의 영원한 진노의 무게를 감당할 수 없고 다른 피조물을 구원할 수도 없습니다"(제14문답).

죄의 결과로 우리는 하나님과 단절되었습니다. 하지만 이 진리를 좀 더 분명히 말하자면, 하나님과 단절될 것을 알고도 우리가 죄를 지은 것입니다. 아담과 하와가 하나님이 금지하신 나무의 실과를 향해 손을 뻗친 것은, 뱀이 한 말을 믿었기 때문입니다. 그것을 먹음으로 하나님과 같이 될 줄 알았던 것입니다. 이 교리문답이 우리에게 상기시켜 주듯, 스스로 신이 되기 위해서는 무엇이든 서슴지 않으려는 부패한 본성을 그들의 후손인 우리 역시 고스란히 물려 받았습니다(제7문답). 바로 이 본성 때문에 하나님의 진노가 임합니다. 하나님의 법을 거스르는 것과 아울러, 우리가 신이 아니고 하나님만이 하나님이시라는 근본적인 구별을 저버리는 부패한 본성에 하나님은 진노하시는 것입니다.

하나님의 **진노**는 우리를 두렵게 하기에 충분한 말입니다. 진노는 의로움을 내포하는 말로서 **화**와는 무게의 차원이 다릅니다. 아침에 집을 나설 때 쓰레기를 내놓는 것을 잊고 나온 날이면, 아내가 이 일로 화가 나 있을까 봐 종일 마음이 편하지가 않습니다. 하물며 내가 하는 일마다 창조주께서 처음 의도하신 거룩함에 전혀 미치지 못할 뿐 아니라, 사랑의 하나님을 진노하게 한다는 사실을 알고서야, 어떻게 정상적인 삶이 가능하겠습니까?

아이러니하게도, 내가 상하게 한 하나님의 마음, 그리고 나를 심판할 재판장이신 하나님이 내가 가진 유일한 소망입니다. 여기 시편 기자가 말하는 놀라운 선포를 들어보십시오. "여호와여, 주께서 죄악을 지켜보실진대 주여 누가 서리이까. 그러나 사유하심이 주께 있음은 주를 경외케 하심이니이다"(시 130:3-4).

우리 스스로 짊어지기에는 하나님의 진노가 너무나 크고 무겁습니다. 그러기에 능히 우리 죄를 짊어지고 다시 우리를 거룩하게 할 구주가 필요합니다. 우리 죄를 대속할 수 있는 거룩한 사람을 통해서라야 우리의 구원이 가능합니다. 하나님의 공의가 요구하는, 우리를 향한 하나님의 심판을 담당할 수 있는 인간이라야 합니다. 하지만 모든 인간은 본질상 죄인이기 때문에 하나님 자신이 우리 중 하나가 되셔서 우리가 당할 심판을 담당하셔야 했습니다. 사도 바울은 하나님께서 "죄를 알지도 못하신 이를 우리를 대신하여 죄로 삼으신 것은 우리로 하여금 그 안에서 하나님의 의가 되게 하려 하심이라"고 이 구원을 설명합니다(고후 5:21).

이처럼 교리문답이 말하는 중보자는 곧 온전히 하나님이시고 또한 사람이신 예수 그리스도입니다(제15-18문답). 하나님의 아들과 사람의 아들인 예수 그리스도 안에서 하나님의 공의와 자비가 마침내 하나가 되었습니다. 성육신, 사역, 십자가의 죽음과 부활을 통해 예수님께서는 우리 죄를 대속하셨습니다. 하나님의 은혜로 예수님께서는 우리 죄에 대해 하나님의 공의가 요구하는 것을 충족시키셨고 그 대가를 치르셨습니다. 사죄가 선포되고 하나님의 진노가 사라졌습니다. 이 얼마나 감사한 일입니까!

그뿐 아닙니다. 예수님께서는 우리의 죄책을 해결함으로써 우리가 천국에 들어가게 하셨고, 우리의 중보자가 되시어 우리의 질고를 담당하심으로써 아무리 괴로운 경험이라도 우리가 당하는 모든 경험에서 하나님을 찾도록 하셨습니다. 우리가 거하는, 죽을 수밖에 없는 이 땅의 힘겨운 삶의 자리에 하나님이 오시도록 하시며, 또한 우리를 하나님께로 데려가십니다. 이것이 바로 중보자이신 우리 구주께서 지금 하시는 일입니다. 그리스도로 말미암아 우리는 사랑을 입은 자녀로 성부께 나아갑니다. 이를 통해 우리는 날마다 우리의 창조주와 누리는 거룩한 교제의 즐거움을 다시 맛볼 수 있습니다.

나의 믿음

이 교리문답은 그리스도 안에서 우리에게 주신 모든 은혜를 누리기 위해서는 하나님께서 우리를 부르실 때 믿음으로 반응하라고 말합니다. 그런데 분명한 사실은, 우리에게는 하나님의 은혜를 받아 누리기 위한 믿음이 없다는 것입니다. 따라서 좀 더 정확히 말한다면, 우리는 믿음에 결부된 은혜에 먼저 반응합니다. 이런 이유로 이 교리문답은 예수 그리스도 안에서 우리 죄를 구속한 하나님의 은혜를 다 설명하기 전까지는, 믿음의 주제를 언급하지 않습니다. 예수 그리스도께서 실제로 우리를 사랑하셔서 우리를 위해 돌아가셨다고, 예수 그리스도 안에서 우리에게 말씀하시는 하나님이 바로 은혜입니다. 이런 하나님께 "저도 사랑합니다"라고 말하는 것이 믿음입니다.

목사이기 때문에 결혼식에서 신랑 신부 앞에 설 기회가 자주 있습니다. 그때마다 신랑 신부가 결혼서약을 주고받는 그 순간의 능력에 매번 놀랍니다. 서로의 눈을 마주 보고 아무 조건 없이 항상 서로를 사랑하겠노라고 약속합니다. 그럴 때면 항상 예수님께서 두 팔을 벌리고 십자가에 달리신 때가 생각납니다. 그때가 바로 하나님께서 "무슨 죄든 항상 용서하겠다. 내가 너를 사랑하기 때문이다. 나를 떠나 얼마나 멀리 가 있었는지는 문제 삼지 않겠다. 항상 내 팔을 벌려 너를 맞이하겠다"라고 하신 순간이기 때문입니다. 그리스도의 희생을 통해 맺어진 이 언약이 강력한 것만큼이나, 이 언약에 자신을 의탁하는 믿음이 없이는 누구도 이 은혜를 누릴 수 없습니다. 회중 앞에서 신랑 신부가 조건 없이 사랑하겠노라는 맹세를 서약하는 순간이 경이로운 것은, 이 순간이 바로 은혜가 약속되는 순간이기 때문만은 아닙니다. 신랑 신부가 믿음으로 서로를 받아들이는 순간이기 때문입니다. 이렇게 두 사람은 은혜를 믿는 믿음을 가지고 있고, 그래서 서로를 믿음으로 받아들이는 두 사람의 결혼은 앞으로 다가올 그 어떤 것도 직면할 수 있게 합니다.

"전적인 신뢰는 복음으로 말미암아 성령께서 내 안에 창조하신 것"이라고 교리문답은 말합니다(제21문답). 이 구절은 두 가지 중요한 의미가 있습니다. 첫째, 우리 죄를 용서하시는 하나님의 은혜를 의지하는 것조차 성령으로 말미암아 선물로 받는다는 것입니다. 죄 때문에 잃어버린 자 된 우리는 하나님의 용서를 믿는 능력마저 상실해 버렸습니다. 하지만 성령을 통해 우리는 은혜를 믿는 은혜를 발견합니다.

둘째, 이 교리문답은 하나님의 사랑에 대한 개인적인 반응의 중요성을 다시 한 번 강조하고 있다는 것입니다. 이 문답을 암송하는 사람은 누구나, 하나님께서 이 은혜를 "다른 사람과 함께 나에게도 값없이 주셨음"을 단언하는 것입니다. 개인의 믿음을 강하게 요구하는 대목입니다. 하나님께서 다른 사람들을 사랑하신다는 것은 쉽게 믿습니다. 심지어 집단인 우리를 사랑하시는 것도 믿을 수 있습니다. 하지만 믿음은 우리 각자가 "순전한 은혜"로 죄사함과 영원한 의로움과 구원을 다른 사람과 함께 "나에게도" 주셨음을 믿도록 요구합니다. "항상 너를 사랑할 것"이라는 신랑 되신 예수님의 약속이 신부 한 사람 한 사람에게 주어진 것입니다. 그러므로 우리 각자는 이런 은혜가 다름 아닌 나 자신에게도 주어졌음을 믿어야 합니다.

우리의 믿음

이처럼 놀랍게 믿음을 정의한 후, 교리문답은 사도신경—모든 그리스도인이 고백하는 사도적 전통의 기독교 믿음의 내용—으로 눈을 돌립니다(제23문답). 우리의 믿음은 실체와 책임 이 두 가지를 요구합니다. 그리스도로 말미암아 회복된 하나님과의 관계를 우리가 임의로 규정하고 유지할 수 있을 것처럼 여겨서는 안 됩니다. 성령께서 우리 안에 창조하신 믿음은 항상 교회 공동의 믿음입니다. 지난 이천 년의 교회전통 속에서 숱한 논쟁과 역경과 탁월한 신학적 사고라고 하는 모루 위에서 연마되고 단련된 믿음의 내용입니다. 우리의 믿음은 하나님이 내 남자친구라거나, 나를 돕는 조수석의 부조종사라거나, 내 상사라거나, 내가 스스로 서도록 돕는 전문상담가라고 말하지 않습니다. 우리의 믿음은 이렇게 고백하도록 가르칩니다. "전능하사 천지를 만드신 하나님 아버지를 내가 믿사오며, 그 외아들 우리 주 예수 그리스도를 믿사오니……성령을 믿사오며……."

공동 예배를 드리면서 저마다 개인 사명 선언서를 읽지 않는 이유가 여기 있습니다. 예배 중에 누가 "내가 잘되도록 하나님이 도우실 것을 믿는다"고 하거나, "내 배우자가 나를 더 상냥하게 대할 것을 믿는다"고 말한다는 것은 생각만 해도 끔찍한 일입니다. 예배에는 삼위 하나님을 조종하는 듯한 이런 교묘한 말은 들어설 자리가 없습니다. 우리의 믿음은 나 자신이나 내가 인생에서 이루고자 하는 바를 이룰 것이라 믿는 것이 결코 아닙니다. 기독교 믿음은 앞서간 모든 신자 안에서 일하신 것과 똑같은 방식으로 내 안에서 일하시는 거룩하신 하나님을 믿는 믿음입니다.

이런 사실은 우리로 다시 이 교리문답의 제1문답으로 돌아가게 합니다. 만약 내게 있다는 믿음이, 나를 믿는 것이거나 심지어 나 자신의 형상을 따라 내가 재구성한 하나님을 믿는 것이라면, 이는 단지 더 많은 염려와 걱정을 불러올 뿐입니다. 이런 믿음을 통해서 내가 기대할 수 있는 것이라고는, 하나님께서 내가 원하는 대로 하지 않으신 것에 대한 초조함으로 전전긍긍하는 모습일 수밖에 없습니다. 우리로 하나님 앞과 하나님께서 우리를 두신 세상 앞에 든든히 서게 하는 "유일한 위로"는, 사랑의 공동체로 거하시고 그 공동체로 우리를 이끌어 들이기를 원하시는 삼위 하나님을 믿는 역사적인 믿음의 내용에 있습니다. 물론 이 믿음을 끌어안을 수도 있고 이 믿음과 논쟁을 벌일 수도 있습니다. 하지만 교묘하게 이 믿음을 자신이 부리는 우상으로 전락시키는 일만큼은 결코 해서는 안 됩니다.

교회의 다른 신앙고백과 달리, 사도신경을 작성한 저자에 대해서는 전혀 우리가 아는 바가 없습니다. 그러나 오래전에 기꺼이 그것을 위해 살고 죽을 가치가 있는 믿음을 발견한 박해받는 교회 회중들이, 엄청난 시련과 역경의 불 속에서 제련해 낸 것이라는 사실만큼은 분명합니다. 이 믿음의 내용이 바로 우리가 물려받은 위대한 유산입니다. 내가 믿음의 내용을 작성하는 것이 아닙니다. 오히려 이 믿음의 내용이 내 삶을 형성합니다.

3장. 우리의 완전한 구원

[제26-52문답]

강대상 뒤에 있는 설교자를 위한 자리에 앉아 성탄절 전야 예배를 드리고 있습니다. 회중들을 보면서 지금까지 여기서 이 광경을 보는 것이 몇 번째인지 생각해 봅니다. 성탄절 전야를 맞이하는 교회 주변과 마찬가지로 예배당도 어둡습니다. 회중석에 앉은 교인들은 어두운 세상에 빛으로 오신 구주를 생각하면서 저마다 작은 촛불을 켜 들고 있습니다. 그래서 예배당이 다소 어둡습니다. 하지만 구주가 나신 날 밤의 위로를 머금고 "고요한 밤, 거룩한 밤"을 부르고 있는 교인들의 얼굴을 알아보기에는 충분합니다.

하나같이 잘 아는 사람들입니다. 그들의 결혼을 주례하기도 했고, 그렇게 결혼해서 태어난 아이에게 세례를 베풀기도 했습니다. 응급실에 실려 갔다는 소리를 듣고 급히 병원으로 달려가기도 했고, 배우자의 장례식을 인도하기도 했습니다. 그런 그들의 얼굴을 여느 성탄 전야처럼 다시 대면하는 이 밤, 성탄 촛불에 비친 그 얼굴들이 전에 없이 아름다워 보입니다.

정말 위로가 될 만한가?

최근 파티에서 한 지인이 요즘에는 주로 무슨 일로 시간을 보내는지 물어 왔습니다. 자연스럽게 이 책에 관한 이야기가 나왔고 하이델베르크 교리문답과 이것의 역사, 이 교리문답이 담고 있는 신학적 통찰 등에 관해 이야기를 나누었습니다. 잘 설명을 한다고 했으나 아직 이해하지 못하는 눈치였습니다. 그래서 이 교리문답의 첫 번째 문답을 인용하며 이렇게 말했습니다. "나의 유일한 위로는 나는 내 것이 아니고 사나 죽으나 몸과 영혼이 나의 신실한 구주 예수 그리스도의 것입니다."

이 대답을 들은 그 사람은 매우 당황한 것 같았고, 거의 기분이 상한 눈치였습니다. 마침내 그가 물어 왔습니다. "정말 그게 위로가 됩니까?"

그의 질문은 철저한 실용주의에서 비롯된 의구심이었습니다. 내가 믿는 것이 사실인지는 묻지 않았습니다. 그런 고백이 정말 나에게 위로가 되는지를 물은 것입니다. 그가 되물은 질문에는 모든 사람은 각자가 자신의 구원자라는 전제가 있습니다. 이 시대 전반에 걸쳐 도도하게 흐르는 힘겨운 도전이 아닐 수 없습니다. 삶에서 자신이 생각하는 자리에 도달하기 위해서라면, 교육이든 힘든 일이든 운동이든 섹스든 심지어 16세기의 교리문답까지도 가리지 않고 이용합니다. 그 무엇이든 자신이 바라는 대로 효과를 볼 수 있으면 그만입니다. 파티에서 나에게 물어 온 사람은 내가 가진 확신을 최대한 이해해 보려고 했습니다. 하지만 내가 나의 것이 아니고 구주의 것이라는 사실만큼은 못내 불편한 눈치였습니다. 왜 사람이 자기 인생을 다른 존재에게 맡기는지 의아한 것 같았습니다.

신경의 언어에 익숙하고 그 안에서 자란 그리스도인은 우리가 가진 믿음을 미심쩍어하는 사람들과 신경을 가지고 대화해 보는 것이 좋습니다. 이 교리문답은 믿는 사람과 믿지 않는 사람 간의 날카로운 구분을 전혀 모호하게 만들지 않습니다. 오히려 이 둘

사이를 매우 분명하게 구분해 줍니다. 우리는 구주가 필요하고, 예수 그리스도가 바로 그 구주라는 사실을 믿습니다. "그가 우리를 죄에서 구원하시기 때문이고……다른 누구에게서도 이런 구원은 찾을 수 없고 찾아서도 안 되기 때문입니다"(제29문답).

우리가 이것을 믿는 것은 그것으로 엄청난 효과를 볼 수 있기 때문이 아닙니다. 그것이 진리이기 때문에 믿는 것입니다. 죄가 하나님과 우리 사이를 갈랐고, 이웃과의 사이를 갈랐고, 창조된 자연과의 사이를 갈랐습니다. 죄로 인해 우리는 끝도 없는 깊은 구렁으로 떨어졌고, 우리 스스로는 그 구렁에서 하나님께로 다시 기어 나올 수 없습니다. 어린 시절 많이 불렀던 노랫말과 달리, 우리는 야곱의 사다리를 기어오르지 못합니다. 그것은 야곱도 마찬가지였습니다. 하나님이 주신 야곱의 꿈에 보면, 천사들이 그 사다리를 오르락내리락합니다. 기독교 믿음만이 가진 독특한 구원의 길을 가리키는 장면입니다. 우리의 소망은 그 사다리를 기어올라 하나님께 이르는 것이 아닙니다. 예수 그리스도 안에서 하나님께서 우리에게 오시는 것이 바로 우리의 소망입니다. 소망은 하늘에서 내려오며 모든 것을 바꾸어 놓습니다.

우리가 받는 구원의 본질을, 우리의 삶을 바로잡으려는 많은 처방전과 도덕적 시도들과 규칙들로 축소하는 것을 이 교리문답은 용납하지 않습니다. 이는 마치 심연에 추락한 사람에게 3단짜리 사다리를 던져주는 것과 마찬가지입니다. 하나님을 기쁘시게 하는 삶, 혹은 우리 자신을 진실로 행복하게 하는 삶으로 돌이키기에는 우리가 던져진 죄의 심연이 너무나 깊습니다. 하지만 구원의 하나님께서 예수 그리스도 안에서 우리를 찾아오십니다. 예수님께서 우리를 찾으시고 자신의 생명을 우리에게 주십니다.

그리스도와 함께 기름 부음을 받음

복음서 기자들은 하나같이 예수님의 세례로 시작된 공생애를 서술하고 있습니다. 복음서에서 이 사건이 중요하게 다루어지는 이유는 무엇입니까? 예수님께서 요한으로부터 세례를 받으시는 것은 매우 중요한 사건입니다. 세상을 구원하기 위해 하나님의 보내심을 받은 구원자와 하나님의 아들로서 예수님께서 기름 부음을 받으신 사건이기 때문입니다(제31문답, 그리스도는 "기름 부음을 받은 자"라는 뜻입니다).

기름 부음을 받는다는 것은 거룩한 사명을 위해 구별되는 것을 말합니다. 그러므로 예수 그리스도는 세상의 구원을 위해 보냄을 받은 하나님의 특사라고 할 수 있습니다. 성령께서 마리아에게 임하심으로 예수님께서 그녀의 태중에 잉태되셨습니다(눅 1:34-35). 우리와 자신을 동일시하는 세례를 받는 중에 성령이 비둘기 모양으로 그분께 임했습니다(눅 3:21-22). 곧바로 성령께서 예수님을 광야로 몰아가셨고, 거기서 예수님께서는 인간이면 누구나 당하는 시험을 당하셨습니다(눅 4:1-13). 나중에 예수님께서는 사역의 정당성을 주장하시면서 이렇게 말씀하셨습니다. "주의 성령이 내게 임하셨으니 이는 가난한 자에게 복음을 전하게 하시려고 내게 기름을 부으시고 나를 보내사 포로된 자에게 자유를 눈먼 자에게 다시 보게 함을 전파하며 눌린 자를 자유롭게 하고 주의 은혜의 해를 전파하게 하려 하심이라"(눅 4:18-19; 사 61:1-2). 성령으로 말미암아 성육하신 삶이 더해 갈수록, 우리와 함께하시기 위해 오신 하나님 안에 있는 구원은 더욱 분명히 드러났습니다.

우리 구주인 예수님께서 우리를 자신과 하나가 되게 하시기 때문에, 우리는 "그의 기름 부으심에 참여"합니다(제32문답). 우리가 예수님을 증언하고 그분의 삶의 모습을 따라갈 때마다, 그분이 우리를 위해 자신을 내어준 것처럼 우리도 다른 사람을 위해 자신을 내어줄 때마다, 그리고 도래할 하나님 나라를 대망하고 살아갈 때마다, 우리는 하나님이 보내신 자로서의 "기름 부음"에 참여하는 것입니다. 이것이 바로 그리스도인이 된다는 의미입니다. 우리의 세례로 말미암아 우리가 기름 부음을 받으신 자와 함께 기름 부음을 받는 것입니다.

그래서 그리스도인으로서의 사명을 이야기할 때, 그것은 의사, 건축가, 촛대 만드는 사람 등이 되는 것을 의미하지 않습니다. 우리 각자가 가진 인생의 계획을 말하는 것은 더더욱 아닙니다. 그리스도인의 사명은 예수 그리스도의 기름 부으심에 참여하는 것입니다.

성령께서 우리와 그리스도를 하나로 묶어주는, 그리스도의 성육신을 위한 동인이었던 것처럼, 사도 바울은 성령이 성화를 위해 우리가 누리는 방편임을 분명히 합니다. 거룩한 구주의 생명에 접붙어 있을 때만 우리는 거룩하고 정결하게 됩니다. 성령만이 우리가 그리스도와 하나 되게 하십니다. 그때야 비로소 우리는 그리스도의 기름 부음 받은 사명에 참여할 수 있습니다. 그리고 그때 우리는 어디에 있든 무엇을 하든 우리의 참된 사명은 그리스도께서 하시는 일을 증언하는 것이라는 사실을 깨닫습니다.

십자가에서 당한 대속의 죽음으로 그리스도의 사역은 끝났고, 지금부터는 우리가 그 일을 물려받아야 한다고 생각하는 것처럼 심각한 오류도 없습니다. 부활하시고 승천하신 구주께서 계속해서 죄인들을 하나님께로 데리고 가는 기름 부음 받은 자로서의 사역을 감당하고 계시기 때문입니다. 교리문답이 말하는 것처럼, 승천하신 그리스도는 "우리의 유일한 대제사장이 되셔서 자기 몸을 단번에 제물로 드려 우리를 구원하시고 계속해서 우리를 위해 성부 하나님께 간구하십니다"(제31문답).

아, 얼마나 좋은 소식입니까! 예수 그리스도가 우리의 대제사장이라면, 우리가 사람들을 용서해도 되는 건지, 아니면 교회가 죄를 용서해야 하는지를 고민할 필요가 없습니다. 우리가 기름 부음을 받은 것은 대제사장으로 말미암은 죄 용서를 선언하기 위함이기 때문입니다.

목회와 선교현장에서 자신을 불사른다 해도, 그리스도께서 주시는 구원에 우리가 더할 것은 하나도 없습니다. 그리스도께서 단번에 드린 희생 제사가 완전한 것을 고백하고, 이로 인해 자유롭게 살아가며, 이웃과 함께 그리스도의 희생을 통해 주어지는 복을 누림으로 우리는 그리스도의 기름 부음에 참여합니다. 목회를 통한 인간의 노력으로는 단 한 사람도 구원에 이르게 할 수 없습니다. 세상을 구원하는 것은 궁극적으로 그리스도의 일이지 우리의 일이 아닙니다.

우리의 대제사장인 예수 그리스도는 하늘 아버지께 우리를 위해 간구하는 일을 계속하십니다. 우리는 사랑을 입은 하나님의 자녀로서 그리스도가 받으신 은혜로운 기름 부음에 참여합니다. 부분적으로 이 말은 하나님의 자녀들이 성부께 드린 기도를 그리스도께서 완전하게 하시는 것을 의미합니다. 사랑받는 자녀는 부모에게 무엇을 말할 때, 자신이 제대로 말하지 못해서 거절을 당할까 안절부절못하지 않습니다. 내 아들이 차 열쇠를 빌리려고 하면서 "오, 나를 낳아주신 당신께 감히 이동수단을 구하오니……"라고 말하지 않습니다. 그렇게 말하는 것이 오히려 이상합니다. 나의 사랑을 믿고 그냥 마음에 있는 생각을 편하게 이야기합니다. 우리가 바르게 기도하든 그러지 못하든, 그리스도께서 항상 우리를 위해 중보하십니다. 제31문답은 또한 성부께서 언젠가 우리를 포기하지 않을까 염려하지 않아도 된다고 말합니다. 구주께서 "계속해서 우리를 위해 성부 하나님께 간구하시기" 때문입니다. 그리스도께서는 바로 이 일을 위해 기름 부으심을 입었습니다. 끊임없이 이 은혜를 받음으로 우리는 그리스도의 기름 부으심에 참여합니다.

20세기 신학자 칼 바르트는 "하나님을 아무리 아름답고 심오하게 설명한다 할지라도, 이 교리문답에서 묘사하는 것과 같은 삼위일체 하나님이 아니라면, 그것은 단지 하나님에 대한 거짓 형상을 우상으로 세우는 것일 뿐이다"[7]라고 했습니다. 이 교리문답은 하나님을 추상적인 존재로 묘사하지 않고 항상 성부, 성자, 성령이신 창조주 하나님, 곧 구체적인 하나님의 사랑의 공동체로 묘사합니다. 삼위 하나님 간의 이런 사랑은 매우 구체적인 방식으로 우리에게 계시됩니다.

창조는 필연적인 작용이 아닌 순전히 하나님의 사랑의 행위입니다. "하나님의 숨" 혹은 "하나님에게서 나온 바람"이라고 번역할 수 있는 거룩한 '루아흐'(ruach)께서 태초에 흑암과 혼돈을 걷으시고 그 자리에 빛과 아름다움을 창조하셨습니다. '루아흐'는 "영"으로도 번역할 수 있는 말입니다. 그러기에 애초부터 창조는 성령의 역사의 일부였습니다. 요한복음은 예수 그리스도인 말씀이 하나님과 함께 계셨고 그분이 없이는 아무것도 된 것이 없다고 말합니다(1:1). "만물이 그로 말미암아 지은 바 되었으니 지은 것이 하나도 그가 없이는 된 것이 없느니라"(1:3). 구주의 출생은 나중에 추가된 것이 아닙니다. 태초부터 삼위 하나님은 우리를 흑암과 혼돈으로부터 구원하시는 우리 삶의 창조의 능력으로 일해 오셨습니다. 그리고 이 모든 것은 삼위 하나님의 거룩한 사랑의 산물입니다.

사랑은 항상 선택적인 행위로 귀결됩니다. 하나님은 세상을 창조할 필요도 없었고 당신의 생명을 창조할 필요도 없었습니다. 그러나 놀랍게도 하나님은 자신의 사랑을 계시하기 위해 추상적인 방식이 아니라 구체적인 방식으로 일하십니다. 모든 자애로운 부모가 자녀를 대하듯이 하나님도 우리에게 그렇게 대하십니다.

사도신경이라고 하는 아름다운 건축물을 설명하면서 이 교리문답은 창조주를 친히 지으신 세상을 깊은 애정으로 돌보시는 분으로 묘사합니다. 그리고 우리가 하나님의 목적과 행위를 신뢰할 수 있는 것은, 모든 것이 하나님 "아버지의 자애로운 손길"로부터 오기 때문입니다(제27문답). 개혁파 전통은 이를 가리켜 하나님의 섭리라고 말합니다. 모든 피조물 가운데, 다시 말해 피조물의 역사, 현재, 미래를 통틀어 하나님의 손길이 미치지 않는 것이 없다는 말입니다. 마찬가지로 하나님은 "나뭇잎과 풀잎"의 자람과 움직임까지 "다스리십니다." 얼마나 큰 위로가 되는 사실입니까! 하나님이 모든 것을 온전히 그리고 영원히 다스리신다는 사실은 신자들에게 아주 큰 위로가 됩니다. 천지 간에 하나님의 섭리적 통치와 상관없는 것이 있다고 한다면, 우리는 끊임없이 염려와 불안에 시달릴 것입니다. 이 사실 하나만으로도 우리가 믿는 하나님은 이제 더 하나님일 수 없기 때문입니다. 창조자의 뜻을 거부하고 거스를 피조물이 있다는 말이기 때문입니다.

이 교리문답은 계속해서 "비와 가뭄, 풍년과 흉년, 먹을 것과 마실 것, 건강과 질병, 부와 가난"과 같은 모든 것이 하나님의 손길로부터 우리에게 임한다고 고백합니다. 사람들에게 많은 의구심을 불러일으키는 진술이기도 합니다. 사람들은 세상을 사랑하는 하나님이 모든 것을 다스린다고 하면서, 왜 재해와 질병과 같은 수많은 재앙을 허락하시는지 의아해합니다. 구약성경에 나오는 욥의 탄식에서 이런 식의 "왜"라는 질문을 찾아볼 수 있습니다. 그리고 인간들의 대답으로 만족하지 못하는 우리 역시 계속해서 욥과 같은 질문을 던집니다. 그러면 하나님께서는 우리를 회리바람 가운데서 만나 주십니다. 그제야 우리는 왜 그런 일이 일어나는가가 아니라 누가 그렇게 역사하는가가 중요하다는 사실을 깨닫습니다(욥 38-42). 우리는 지금 전능자요 위대하신 하나님께 묻고 있습니다. 다시 말하지만, 하나님의 사랑을 입은 자녀로서 묻고 있습니다.

욥에게 그랬던 것처럼 이런 사실이 무슨 새로운 대답을 주는 것은 아닙니다. 하지만 섭리의 교리가 항상 우리를 이끌어 가는 자리가 있습니다. 바로 하나님 앞입니다. "참으로 이 모든 것은 우연이 아니라 하나님 아버지의 자애로운 손길로부터 우리에게 임합니다." 우리에게 일어난 놀라운 일들에 대한 감사로 시작할 수도 있고, 아니면 삶의 고통으로 인한 혼란과 슬픔으로 시작할 수도 있습니다. 하지만 어쨌든 "아버지의 자애로운 손길"로 귀결됩니다. 나 혼자 남겨져서 자기 힘으로 재앙을 맞닥뜨리느니, 혼란스럽고 이해가 안 되더라도 차라리 이 손길 안에 머무는 것이 낫습니다.

제26문답은 하나님이 "나의 몸과 영혼에 필요한 모든 것을 채워주시며"라고 가르치면서, 우리를 섭리의 교리로 인도합니다. "하나님은 전능하시기에 능히 그렇게 하실 수 있고, 신실하신 아버지시기에 그렇게 하기를 원하십니다." 그리고 "그의 아들 그리스도 때문에 이 하나님께서 나의 하나님과 아버지가 되심을 믿습니다." 성령께서는 우리를, 성자께서 성부와 누리시는 사랑하는 관계로 양자 삼으셔서, 우리로 삼위 하나님의 권속(triune Family)으로 들이셨습니다. 이제 우리는 성부의 사랑받는 자녀입니다.

초대교부 신학자인 이레니우스(Irenaeus)는 탕자의 비유를 빌어 마을 어귀까지 뛰어나가 돌아오는 탕자를 끌어안으시는 성부의 두 팔로 성령과 성자를 묘사합니다. 성부의 품에 안긴 우리는 삼위 하나님의 권속으로 회복된 자신을 발견합니다. 탕자가 그랬던 것처럼, 마침내 우리가 하나님께로 돌이켜야 할 때가 된 것을 깨달았기 때문에, 삼위 하나님의 권속으로 맞아들인 것이 아닙니다. 이런 우리의 결정과 선택을 통해서는 기껏해야 아버지 집의 종이 되는 것이 전부입니다. 그러나 성령과 성자를 통해 성부께서 우리를 찾아오셨기 때문에 우리가 성부의 품에 안긴 것입니다.

우리가 삼위 하나님의 권속으로 양자 된 것을 이해하기 위해서는 다시 예수님이 세례받은 장면으로 돌아갈 필요가 있습니다. 세례요한은 꺼지지 않는 불로 세상을 심판할 메시아의 도래가 임박했다고 경고했고, 그런 요한의 설교를 들은 사람들은 회개하고 세례를 받았습니다. 세례요한이 베푸는 세례는 기독교의 세례와는 아주 다른 것으로, 그것은 자신의 죄를 씻으려는 사람들을 위한 의식이었습니다. 굳이 비교하자면, 오늘날 죄를 고백하는 기도에 더 가깝다고 할 수 있습니다. 어느 날 예수님께서 세례요한이 설교하고 있는 요단 강가로 나오셔서 자신도 세례를 받아야 한다고 말씀하셨습니다. 예수님의 말씀에 소스라치게 놀란 세례요한은 자기는 도무지 그럴 자격이 없음을 밝힙니다. 그렇게 약간의 논쟁이 오고 간 후, 결국 "이제 허락하라. 우리가 이와 같이 하여 모든 의를 이루는 것이 합당하니라"(마 3:15)는 예수님의 말씀과 더불어 세례요한은 그분의 뜻을 따릅니다.

이처럼 우리는 자신을 깨끗이 해서 의롭게 되는 것이 아닙니다. 스스로 깨끗해지겠다고 헛되이 힘쓰는 우리에게, 구주께서 오셔서 함께하심으로 우리는 온전하게 됩니다. 그분은 우리를 심판하시는 대신 우리와 자신을 동일시하셔서, 물세례를 받으심으로 회개하는 죄인들과 같이 되십니다. 그래서 교리문답은 "그리스도께서 이 땅에 사셨던 모든 기간에 특별히 생의 마지막 시기에 온 인류의 죄에 대한 하나님의 진노를 자신의 몸과 영혼으로 감당하셨다"라고 말합니다(제37문답). 사도 바울이 "하나님이 죄를 알지도 못하신 이를 우리를 대신하여 죄로 삼으신 것은 우리로 하여금 그 안에서 하나님의 의가 되게 하려 하심이라"(고후 5:21)고 한 것과 마찬가지입니다. 이 모든 일은 십자가에서 정점에 이르렀지만, 예수님의 출생과 함께 시작되었고, 예수님의 물세례에서 극적으로 묘사됩니다.

그리고 무슨 일이 일어나는지 보십시오. 예수님께서 요단 강에서 나오실 때 하늘이 열립니다. 불 심판이 아니라 성령이 비둘기같이 임하십니다. 그리고 하늘에서 "이는 내 사랑하는 아들이요 내 기뻐하는 자라"(마 3:17)는 소리가 납니다. 예수님께서 물세례를 받기 전까지 한 번도 예수님을 가리켜 사랑하는 자라는 선포가 없었다는 사실은 매우 중요합니다. 그리스도께서 이렇게 인간과 같이 되신 것이 아주 완벽하여, 그분과 연합한 우리 역시 사랑하는 자라는 이름으로 불릴 수 있을 정도입니다. 우리 삶이 깨끗하게 되어서가 아니라, 오직 하나님의 사랑하는 독생자가 우리 중 하나와 같이 되어 죄를 담당하신 것만으로, 하나님은 이렇게 기뻐하십니다. 삼위 하나님께서는 그리스도 안에서 친히 지으신 세상을 구원하시는 결정적인 모습을 취하십니다.

그리스도의 이런 은혜로 말미암아 이제 우리가 하나님의 자녀로 양자가 되었다고 교리문답은 가르칩니다(제33문답). 하나님의 후사, 예수 그리스도와 함께한 후사가 된 것입니다(롬 8:17). 이 은혜를 받은 우리는 이제 일생을 통해, 성부, 성자, 성령께서 나누시는 사랑으로 양자 된 것이 무슨 의미인지를 배우게 됩니다.

내가 어렸을 때 목사였던 아버지는 어느 날 밤 열한 살 난 소년을 집으로 데려왔습니다. 소년의 부모는 헤로인중독으로 죽었다고 했습니다. 그의 이름은 로저였습니다. 그의 어머니는 생전에 가끔 우리 교회 예배에 참석하곤 했습니다. 아버지는 로저 부모의 약물중독을 막아보려고 모든 노력을 다했습니다. 하지만 지난

밤 로저에게서 전화가 걸려 왔습니다. 부모가 일어나지 않는다는 것이었습니다. 검시관이 시신들을 수습한 후, 이내 로저에게 다른 가족이 없다는 것을 알게 되었고, 아버지가 경찰에 이야기해 그날 밤 로저를 우리 집으로 데리고 온 것이었습니다. 집으로 오는 도중 아버지는 로저를 입양하기로 했습니다. 그날 밤 어떤 식으로든 어머니와 이 일에 관한 대화가 오갔을 것이 분명하지만, 사실 나는 상상이 되질 않습니다. 잠에서 깬 형과 나에게 아버지가 로저를 소개하면서 지금부터 우리의 형제라고 한 것이 내가 그날 밤을 기억하는 전부입니다.

로저가 노력해서 우리 가족이 된 것이 아니었습니다. 심지어 가족이 되기를 청하지도 않았습니다. 두려움에 떠는 잃어버린 영혼을 가족으로 들인 것은 오직 우리 부모를 통해 드러난 은혜였습니다. 그 즉시 로저는 우리 부모의 후사가 되었고 나와 함께한 후사가 되었습니다. 우리 부모를 통해 값없이 주어진 은혜가 이제 로저의 삶을 송두리째 바꿀 참이었습니다.

그때부터 로저의 삶에서 드러난 대부분의 변화는 어머니의 끈기있는 가르침에서 비롯되었습니다. 몇 년 동안 저녁 식탁에서 "아니야, 로저. 여기서는 그렇게 하는 게 아니란다"라는 말을 거의 빠지지 않고 들었습니다. 어머니는 로저에게 식사예절, 서로 나누는 법, 교양, 친절, 설거지 등을 가르치셨습니다. 어머니의 사랑하는 아들로서 어떻게 행동해야 하는지를 로저가 알기를 원했던 것입니다.

한참이 지나서야 로저는 이런 것에 익숙해졌습니다. 마침내 우리 가정의 일원으로서 기대되는 변화들이 나타나기 시작했습니다. 로저는 이런 일련의 변화에 대해 어머니 아버지께 고마워했습니다. 어머니 아버지를 통해 자신이 새로운 삶을 살게 되었다는 것을 안 것입니다. 분명한 것은 그가 우리 가족이 되기 위해서 그런 변화를 이뤄낸 것이 아니었다는 점입니다. 오히려 우리 부모의 사랑받는 아들이었기 때문에 그런 변화가 일어난 것입니다.

삼위 하나님의 권속으로 양자가 된다는 것이 바로 이런 것입니다. 우리의 정체를 완전히 새롭게 하는 것입니다. 하나님의 사랑받는 자녀로서 우리의 정체성을 새롭게 깨달을 때라야 비로소 예수 그리스도와 함께한 후사로서 어떻게 행할지를 배웁니다. 영적 훈련을 배우는 것은 믿음의 행위요 믿음은 항상 은혜를 따라 생깁니다.

로저는 베트남전에서 죽었습니다. 조국을 위해 장렬히 전사했습니다. 하지만 우리 가족은 다 압니다. 우리 부모가 그를 사랑하는 줄 알았기에, 그가 자신의 생명을 그렇게 희생할 수 있었다는 것을 말입니다. 온전하게 사랑받지 못하고서는 그토록 숭고한 희생을 이룰 사람은 아무도 없습니다. 우리 부모가 양자로 삼은 겁많던 소년이 어머니의 모든 가르침과 교훈을 따르는 가운데 사랑의 깊이를 맛보았고, 그 사랑을 맛보고 확신하면서 영웅으로 탈바꿈한 것입니다.

성찬상 앞에 서서 교회의 지체들에게 떡과 잔을 돌리면서 이 사실을 자주 떠올립니다. 교회 지체들이 한 명씩 성찬상으로 나와 떡과 잔을 받아먹습니다. 그 자리에 나오면서까지 분노와 두려움과 냉소를 버리지 못하는 사람도 있습니다. 그럴 때마다 마치 성령께서 "아니야. 여기서는 그렇게 하면 안 된단다"라고 말씀하시는 것 같습니다. 하나님의 자녀로 양자 된 은혜를 주목하는 사람도 있습니다. 그는 하나님의 성찬상에 함께하게 된 은혜에 압도되어 하나님의 사랑을 입은 자녀답게 행할 믿음을 갖게 됩니다.

개신교인들은 성찬식에서 떡과 음료가 예수님의 살과 피로 변하는 것이 아니라고 오랫동안 강력하게 주장했습니다. 맞습니다. 하지만 우리는 그와 똑같은 열정으로 주님의 성찬상에 믿음으로 참여한 사람들은 그리스도를 닮아간다고 주장합니다. 우리가 그리스도를 닮아가는 변화야말로 떡과 포도주가 예수님의 살과 피로 변하는 것보다 훨씬 더 큰 기적입니다.

우리를 자유롭게 하는 구원

교리문답은 세 번씩이나 예수 그리스도 안에서 받는 구원을 자유를 경험하는 것으로 말합니다(제31, 34, 38문답). 예수님께서는 우리를 죄에서 자유롭게 하시고 죄로 말미암아 우리에게 드리운 하나님의 심판에서 자유롭게 하십니다. 그리고 하나님께서 원래 의도하신 하나님의 자녀가 되는 자유를 앗아간 마귀의 폭압에서도 우리를 자유롭게 하십니다. 아마도 가장 탁월한 사실은, 대제사장이신 예수님께서 우리를 지키심으로 계속해서 우리가 이 자유 가운데 살아간다는 점일 것입니다. 하나님께서는 우리가 회개하지도 못하고 자유롭게 살지도 못할 만큼 다시는 죄에 빠지지 않도록 하시면서, 계속해서 우리 죄를 용서하십니다.

신약성경에서 헬라어로 **용서**는 **자유**와 같은 말입니다. 죄 용서를 받는 것은 자유롭게 되어 하나님의 사랑받는 자녀로 살아가는 것입니다. 우리는 이제 죄책과 수치에 갇혀 살지 않습니다. "심판"이라는 감옥의 문이 활짝 열렸기 때문입니다. 하나님께서 그 문을 열기로 하셨고, 예수 그리스도의 속죄와 대속의 삶을 통해 그 일을 이루셨던 것입니다. 하지만 죄책과 수치의 감옥에서 걸어 나오는 것은 당사자인 우리가 해야 합니다.

죄인인 우리가 거룩하신 하나님 앞에서 느끼는 원초적인 죄책감은 우리 자신과 다른 사람을 판단하는 것에서 새어 나옵니다. 출산 후 병원에서 산후조리 중인 산모를 심방한 적이 있습니다. 출산한 다음 날 병실로 찾아갔을 때, 산모가 울고 있는 것이 아닙니까? 정말 기뻐서 그러려니 생각했습니다. 그러나 그게 아니었습니다. 의사가 신생아의 심박동과 호흡 등을 확인하는 아프가 테스트를 막 마쳤는데, 1에서 10까지의 수치 중에 8이라는 결과가 나왔던 것입니다. 산모는 울먹이면서 이렇게 말했습니다. "이제 하루밖에 안 지난 아기가 벌써 생애 최초로 B 등급을 받았어요."

이처럼 세상에 발을 내딛는 순간부터 우리에게는 판단과 평가가 이어집니다. 친구로부터, 교사로부터, 코치로부터, 상사와 배우자로부터 평가를 받습니다. 어렸을 때는 부모의 판단을 받고, 부모가 된 후에는 자녀의 판단을 받습니다. 그중에 최악은 혼자서 거울 앞에 섰을 때 떠오르는 판단입니다. 그런 무수한 판단 중에 만족스러울 만큼 잘했다는 판단은 거의 없습니다.

그리스도로 말미암아 하나님의 심판에서 자유롭게 된 것은, 하나님의 사랑을 입은 자로서 우리의 정체성을 새롭게 하는 우리 삶의 중심축입니다. 그러므로 우리 주변에서 이루어지는 세상의 판단과 평가는 이제 우리에게 올무가 될 수 없습니다. 다른 사람들의 말에 더는 신경 쓸 필요가 없다거나 무책임하게 행동해도 된다는 말이 아닙니다. 우리가 잘못된 방향으로 가고 있을 때, 어떤 식으로든 우리에게 권위를 가진 사람들의 도움을 받을 필요가 없다는 말도 아닙니다. 예수님께서 사랑하셔서 죽은 생명과 삶에 대해 누구도 "충분하지 않다"고 말할 수 없다는 뜻입니다.

나는 그 신생아의 어머니에게 출산하기 한 주 전에 그녀가 성찬상으로 나아왔던 것을 떠올려 주었습니다. 성찬을 자신의 생명으로 받아들일 때 이 은혜의 방편은 이미 태중의 아이에게도 영향을 미치고 있으며, 이 은혜가 항상 아이와 함께할 것입니다. 우리가 은혜를 필요로 하는 만큼 이 아이도 똑같이 은혜가 필요한 존재이기 때문입니다.

우리의 삶은 어떤 집단의 중심에 있거나, 아니면 주변을 맴돌고 있다고 정의할 수 있습니다. 만약 우리가 예수 그리스도를 중심에 모시고 살아간다면, 가장자리라 할지라도 조금도 부족함 없이 머물 수 있습니다. 우리가 중심으로 삼고 살아가는 그리스도께서 우리를 붙잡아 줄 것을 알기 때문입니다. 따라서 우리가 실패한다고 해도 그것을 패배로 받아들이지 않으며, 죄에 압도되지도 않습니다. 교회의 거룩함은 교인이 아닌 그리스도께 있다는 것을 깨닫기에, 우리는 교회의 불일치도 아무런 염려 없이 다룰 수 있습니다.

하지만 우리가 그리스도를 삶의 중심에 모시지 않고 가장자리에 머물게 한다면, 우리는 누가 옳은지 그른지에 대한 염려를 그치지 못할 것입니다. 그리스도의 은혜를 확신하는 대신 우리의 죄악과 실패로 인해 우리가 이 은혜에서 벗어날까 봐 안절부절못할 것입니다. 은혜로 구원받은 죄인들의 피난처로 교회를 바라보기보다는, 누가 교회에 속하고 속하지 않은지를 판단하기에 급급할 것입니다. 그러나 죄인인 우리를 이 은혜에서 벗어나게 하려고 예수님께서 십자가로 나아가신 것은 아닙니다.

구원의 깊이

예수 그리스도 안에서 이루어진 하나님의 낮아지심은 예수님의 성육신과 더불어 시작되었고, 예수님의 세례를 통해 이어졌으며, 예수님의 십자가 죽음에서 정점에 이르렀습니다. 이 교리문답은 "십자가에 달린 자는 하나님의 저주를 받은 것이기에", 그리스도께서 십자가에 달리신 사실은 "내가 받을 저주를 그리스도께서 대신 받으셨다는 것"을 상기시켜 줍니다(제39문답). 성경에 보면 저주를 받은 사람은 평생 자신의 실패를 짊어지고 다니게 됩니다.

타락 기사를 보면 사람을 미혹한 뱀에게 하나님께서 저주를 선언하십니다. 이 미혹에 이끌린 아담과 하와 역시 저주를 피하지 못합니다. 아우 아벨을 죽인 가인에게도 하나님은 저주를 선언하십니다. 뱀은 낙원에서 쫓겨나 배로 기어 다니는 존재가 되었습니다. 아담과 하와는 창조주와 누리던 많은 생명을 상실해 버렸습니다. 가인은 "땅에서 피하며 유리하는 자가" 되었습니다(창 4:12).

우리가 하는 모든 일의 근저에 자리한 하나님을 향한 죄는 우리로 자신이 속할 곳을 찾아 끊임없이 방황하며 살아가게 합니다. 그리고 이 죄가 우리를 최초의 가족관계로부터 단절시키기 때문에, 우리는 이 단절로 상실한 것의 대체물을 찾아 끊임없이 헤매야 한다고 생각합니다. 사실 우리는 이리저리 옮겨 다니는 것을 부추기는 시대를 살아가고 있습니다. 대학을 가거나 일자리를 위해 가정을 떠나야 합니다. 그것도 모자라 더 낳은 교육을 받고 더 나은 일자리를 찾아 우리가 살던 곳은 물론, 그전까지만 해도 좋았던 모든 관계를 뒤로하고 새로운 도시를 향해 떠납니다. 이런 전형적인 삶의 양태를 보면 우리는 모두 법적으로 가인으로 개명하는 것이 맞을 것 같습니다.

거주나 경계를 옮겨서는 안 된다는 말이 결코 아닙니다. 구체적인 공동체에 속해 진실로 헌신하지 못하고 많은 사람이 계속해서 이리저리 옮겨 다니는 동기가 어디에서 비롯됐느냐 하는 것입니다. 문제는 우리 영혼에 깊이 자리한 죄로 인한 소외와 분리입니다.[8] 육체적으로 다른 도시나 직장으로 옮겨 다니지 않는다고 해도, 끊임없이 우리 마음은 이리저리 새로운 경험과 관계를 찾아 헤맵니다. 항상 새로운 자기 계발이나 체중감량 프로그램을 찾고, 새로운 연애, 새로운 학위, 심지어 새로운 교회까지 생각합니다. 하지만 이 교리문답은 우리가 끊임없이 무엇을 찾아다니는 것이 다름 아닌 우리의 죄로 인한 저주 때문이라고 분명히 말합니다. 무엇을 보든, 어디로 가든, 결코 만족하지 못할 것입니다. 이것이 바로 성경이 말하는 저주입니다.

때로는 이 저주를 죄책으로 경험하기도 합니다. 우리가 한 것과 하지 못한 것이 무엇인지는 우리 자신이 더 잘 압니다. 이 경험에서 저 경험으로 불만족한 경험의 연속인 일상에서 우리는 죄의 결과를 절감합니다. 다음번 일이나 다음번 사람은 죄로 인한 저주에서 벗어나게 하고, 마침내 우리에게 허락된 동산에서 둥지를 틀게 할 것으로 기대해 보지만, 그런 일은 전혀 일어나지 않습니다. 저주받은 죄책이 끊임없이 우리를 몰아가기 때문입니다. 다음번 관계나 새로운 전자제품이나 새로운 일자리나 장난감을 통해 용서를 발견할 수 있을 거라는 부질없는 기대 속에서, 우리는 우리가 망가뜨린 예전의 것들을 버리고 떠납니다.

그러나 하나님의 저주에도 불구하고 하나님의 은혜는 여전히 역사합니다. 하나님께서는 아담과 하와를 동산에서 내치시기 전에 짐승의 가죽으로 옷을 지어 입히셨습니다. 일생에 임한 저주로 인해 슬퍼하는 가인에게 하나님께서는 표를 주셔서 보호를 받게 하셨습니다. 이처럼 하나님께서는 처음부터 우리가 자초한 저주에 우리를 팽개쳐두지 않을 것을 분명히 하셨습니다. 혼란스럽고 이리저리 헤매는 우리의 삶으로 하나님의 아들이 들어오신 것도 이 때문입니다.

예수님께서는 죄가 용서받았다고 하시면서 중풍병자를 고치신 적이 있습니다(막 2:5). 다른 본문에서도 마찬가지로 예수님은 중풍병자의 죄를 용서하십니다. 모든 병이 죄가 직접적인 원인이 되어 오는 것은 아니기 때문입니다. 그리고 예수님께서 그의 죄를 용서하신 것은 죄책보다 사람을 더 상하게 하는 질병은 없기 때문입니다. 우리의 죄가 용서받았다는 것을 믿기 전까지 우리는 결코 예수님을 따르는 제자로 살아갈 수 없습니다.

십자가의 죽음을 통해 예수님은 우리 삶에 드리운 저주를 짊어지셨습니다. 이로 인해 그분의 몸은 처참히 상하셨습니다. 십자가 형벌은 단지 로마인들만의 처형 수단은 아니었습니다. 유대인들 사이에서도 장대에 달려 죽은 사람은 궁극적으로 하나님의 저주를 받은 것으로 여겨졌습니다(신 21:23). 그래서 이 교리문답은 예수님의 죽으심이 단지 우리가 하나님의 계명을 거스른 죗값만을 청산하기 위한 것이 아님을 알리고 싶어 합니다. 십자가의 죽음은 우리의 죄책으로 드리운 저주까지 없이했습니다. 따라서 우리는 절룩거리며 방황하는 사람들처럼 더는 불안하게 살 필요가 없습니다. 이 경험에서 저 경험으로, 이 관계에서 저 관계로 분주하게 다닐 필요가 없습니다. 예수님께서 우리를 대신해 죄책의 저주를 다 지셨습니다. 우리는 이제 가인이 아닙니다.

십자가에 달리신 예수님께서는 "나의 하나님, 나의 하나님, 어찌하여 나를 버리셨나이까"라고 탄식하셨습니다(마 27:46). 구주께서 당하신 고통을 가장 극명하게 드러내는 말입니다. 이 탄식을 통해, 예수님께서 우리가 하나님을 저버린 것을 담당하사 하나님으로부터 버림을 받으심으로 우리의 구주가 되신 것을 분명히 알 수 있습니다. 그러므로 이제 그리스도 안에 있는 우리는 죄책으로 인한 저주 아래 있지 않습니다. 예수님께서 우리를 대신해 하나님의 품에서 내쳐지심으로 우리가 성부의 품에 안기게 된 것입니다. 이제 우리는 이리저리 헤매고 다닐 필요가 없습니다. 탕자가 그랬던 것처럼 하늘 아버지 품으로 돌아왔기 때문입니다.

교리문답은 또한 사도신경이 고백하는 것처럼, 장사 된 후 예수 그리스도께서 "음부로 내려가셨다"고 합니다(제44문답). 그러고 나서 이 사실을 이해할 수 있는 한 가지 방법을 제시합니다. 처음부터 사도신경이 고백하는 내용임에도 불구하고, 음부에 내려가셨다는 것이 무슨 의미인지 항상 불분명했던 것이 사실입니다. 여기서 중요한 것은 하이델베르크 교리문답이나 사도신경 모두 구주께서 실제로 지옥 속으로(into) 들어가셨다고 말하는 것이 아니라는 점입니다. 두 문서 모두 지옥에(to) 가셨다고 말하고 있습니다. 교리문답은 이 대목을 이렇게 해석합니다. 예수님의 일생에 걸쳐, 그중에서도 특별히 십자가에서 우리가 당해야 할 하나님으로부터의 분리와 심판을, 그분이 대신 당하신 "말할 수 없는 번민과 고통과 영혼의 두려움"을 일컫는 것으로 설명합니다. 바꾸어 말하면, 아무리 처참하고 지옥과 같은 인생이라 할지라도 우리 구주께서는 이미 그곳으로 내려가서, 우리가 당해야 할 고통을 다 당하셨다는 것입니다. 우리 구주 예수 그리스도가 내려가신 것보다 더 깊이 내려갈 사람은 아무도 없습니다.

그러나 예수 그리스도께서 지옥으로 내려가신 것은 그곳에서 단지 우리의 친구가 되어 우리를 위로하고자 한 것이 아닙니다. 항상 그렇듯이 우리를 구원하시기 위함입니다. 우리를 다시 데리고 가기 위해서 내려가신 것입니다. 성부와 성자와 성령의 교제 안으로 우리를 불러들이기 위해 내려가신 것입니다.

구원의 높이

우리의 구원에 결정적인 사건인 그리스도의 부활을 단 한 개의 문답으로 끝내는 것이 의아할 수도 있겠습니다(제45문답). 그러나 교리문답은 부활을 최종적 단계로 보기보다는 예수님께서 영광에 이르도록 하는, 그래서 우리도 그 영광으로 이끌어 들이는 결정적인 첫걸음으로 봅니다. 교리문답은 예수님의 무덤에서 정확히 어떤 일이 있었는지보다는 이 부활이 우리에게 주는 "유익"이 무엇인지를 묻습니다.

죽음이 닥치면 아무도 무신론자로 남아 있을 수 없습니다. 이 가공할 만한 실체를 애써 외면해 보려고 하지만, 항상 그림자처럼 우리의 생각을 따라다닙니다. 죽음이 너무 이르게 찾아오면 사람들은 경악합니다. 사랑하는 사람에게 찾아오는 죽음은 항상 너무 이르게 느껴지는 법이기 때문입니다. 실제로 그럴 수밖에 없지만, 우리는 그러지 말아야 합니다. 죽음은 우리가 피조물이라는 증거입니다. 그리고 삶은 죽음과 비슷한 많은 일을 당하게 함으로써 우리가 죽음을 연습하게 합니다. 관계들이 단절되고, 일자리에서 해고되고, 정신적 육신적 능력이 약해지면서, 일생 우리는 죽음을 경험합니다.

기독교는 죽음이나 삶에서 당하는 많은 상실을 경험하지 않도록 하는 종교가 아닙니다. 이런 것을 위해 기독교 신앙이 하는 것은 아무것도 없습니다. 그러나 부활의 기적을 선사합니다.

나사로의 부활에서 이 소망의 그림자를 볼 수 있습니다. 나사로가 병들어 죽게 되자, 누이들은 사람을 보내 예수님께 빨리 와서 그를 고쳐달라고 기별합니다. 하지만 우리가 보다시피, 누구 못지않게 나사로와 그 누이들을 사랑하신 분임에도, 어찌 된 일인지 예수님께서는 부지런히 발길을 재촉하지 않으십니다(요 11:5-6). 어떤 성경은 예수님께서 그들을 사랑하시기 때문에 오히려 더 지체하셨다고 번역합니다. 충만한 사랑과 연민으로 우리 주님은 죽음을 늦추기보다 오히려 능력 있는 무엇인가를 드러내기를 원하셨던 것입니다. 이윽고 나사로가 죽었습니다. 이제야 예수님께서 죽은 자를 일으키시는 능력을 나타내실 준비가 된 것입니다.

사랑하는 친구가 장사 된 무덤에 다다른 예수님께서는 무덤 밖에 서서 큰 소리로 무덤에서 나오라고 명하십니다. 여기서 중요한 사실이 있습니다. 우리 구주께서 무덤으로 들어가지 않으셨다는 사실입니다. 우리가 절망과 상실의 무덤에 갇혀 있을 때, 우리는 예수님께서 우리가 앉아 있는 무덤으로 들어오셔서 위로해 주시기를 바랄 때가 얼마나 많습니까! 하지만 예수님께서는 무덤을 좋아하시지 않습니다. 심지어 자신의 무덤에서도 그리 오래 누워 계시지 않았습니다. 무덤은 죽은 사람들의 장소이자 상실과 사망의 처소입니다. 위로를 얻기에는 적절한 자리가 아닙니다. 그러므로 예수님께서는 우리가 최후의 원수인 죽음과 관련하여 어떤 위로도 받지 않도록 하실 것입니다. 대신 생명과 부활이신 그분은 사망의 무덤 밖에 서서 새 생명으로 나오라고 우리를 부르십니다. 무덤 문은 우리 구주께서 열어 놓으셨습니다. 무덤에서 그만 뭉그적대고 속히 나오라고 부르십니다. 마지막 날 무덤에서 우리를 불러내실 것처럼 말입니다.

무덤에서 일어나신 후, 예수 그리스도는 자신의 사역이 이 땅에 살면서 제자들에게 위로와 평안을 주는 것보다 훨씬 더 거대한 것임을 알려 주셨습니다. 죽음에서 부활하심으로 그분은 사망과 우리가 삶에서 겪는 죽음 같은 모든 경험을 이기셨습니다. 이런 사실로 인해 처음으로 제자들이 놀랐고, 우리 역시 이 능력을 경험할 때 압도되기는 마찬가지입니다. 그래서 교리문답은 "그의 능력으로 우리 또한 이미 새로운 생명으로 다시 태어났습니다"라고 고백합니다(제45문답). 그렇습니다. 우리가 가진 썩을 육신은 여전히 죽지만, 사도신경이 약속하는 대로 몸의 부활이 우리를 기다립니다. 하지만 그리스도 안에서 사는 모든 사람은 이미 하나님과 더불어 새로운 생명을 얻습니다. 이 생명은 우리와 절대 분리될 수 없으며 죽음조차도 갈라놓을 수 없습니다(롬 8:38-39). 이런 사실을 아는 우리는 더욱 용감해져야 합니다.

처음 3세기 동안 교회의 지체가 된다는 것은 박해받는 공동체의 일원이 된다는 의미였습니다. 심지어 목숨을 잃을 수도 있었습니다. 그러나 교회는 모든 사람에게 자신의 위대한 믿음을 용감하게 전하기로 했습니다. 그런 만큼 교회에 속한 개인들로 죽음을 두려워하지 않고 담대하게 믿음을 증언하는 사람들이 되게 하는 것이 초대교회 지도자들의 딜레마였습니다. 이에 대응하여 세례의식을 발전시켰는데, 본질상 세례의식은 장례의식이었다고 할 수 있습니다. 새롭게 회심한 신자가 세례를 받기 위해 세례반으로 내려가면 교회 지도자는 옛 습관과 옛 죄악과 옛 생활을 버리는 것에 관해 이야기합니다. 세례를 받는 사람은 심지어 이전에 입던 옷을 벗기도 했습니다. 바로 그때 그는 새로운 지체를 물에 잠기도록 하고, "세례와 더불어 그리스도와 함께 장사 되었다"고 말합니다. 새 지체가 일어나 물 밖으로 걸어나갈 때는, "그리스도 안에서 새로운 생명으로 살기 위해 다시 살았다"고 말합니다. 그러고는 어떻게 성령께서 우리를 그리스도의 덕으로 옷 입히시는지를 선언하면, 새로운 지체는 새로운 옷을 입습니다.

그렇게 교회에 더해진 신령한 생명은 결코 잃어버린 바가 될 수 없었을 테고, 여기에 힘입어 교회 지체들은 복음을 더 용감하게 전했습니다. 그들은 이미 세례를 통해서 박해자들이 빼앗아 갈

수 있는 육신의 생명에 대해서는 죽었다는 사실을 잘 알고 있었습니다. 카이사르(Caesar)가 이런 사실을 이해했을 리 만무합니다. 이미 죽은 사람을 목숨으로 위협하니, 어떻게 겁먹게 할 수 있었겠습니까? 이렇게 교회는 박해 아래서 날마다 그 수가 늘어났고 급기야 4세기에는 온 로마제국이 기독교를 인정하기에 이릅니다.

그리스도 안에서 부활한 새 생명을 가진 자신의 정체를 세례를 통해서 알고 그것을 주장하는 모든 신자에게는 이런 담대한 능력이 함께 할 것입니다. 우리는 예수 그리스도를 따라 새로운 관계와 선교의 새로운 모험들 속으로 들어가며, 정의를 추구합니다. 성공이 보장되기 때문이 아닙니다. 실패를 두려워할 필요가 없기 때문입니다. 일이 잘못되면 어쩌지, 내가 아끼는 것을 잃으면 어쩌지, 생명을 잃으면 어쩌지 하는 모든 걱정과 염려는 우리가 세례받은 그 날로 다 벗어 버렸습니다. 우리가 결코 잃어버릴 수 없는 부활의 생명을 얻었기 때문입니다.

제자들의 눈을 열어 그들이 받은 영원한 생명의 기업을 보게 하신 후, 예수님께서는 하늘로 올라가셨고, 그곳에서 지금 우리의 대언자로 성부 하나님을 뵈옵고 있습니다(제49문답). 예수님의 역할이 우리의 실패를 변호하고 변명한다는 말이 아닙니다. 오히려 예수님 자신과 같이 우리가 성부께로 나아가도록 하고, 세상에서 우리의 싸움이 계속되는 동안 우리를 위해 기도하신다는 뜻입니다. 교리문답이 승천 후에도 하나님의 아들이 여전히 참 인간으로 계신다고 강조하는 이유가 바로 여기 있습니다(제47, 48문답). "우리의 몸이" 그리스도 안에서 하늘에 있습니다(제49문답). 그러므로 우리의 구원은 안전합니다. 우리는 성부의 사랑을 입은 거룩한 자녀들로 영원히 남아 있을 것입니다. 완전한 신성과 인성이 함께 거하는 그리스도께 접붙여졌기 때문입니다. 우리를 하나님의 손에서 빼내 갈 수 있는 것은 아무것도 없습니다.

부활로 예수님의 일이 다 끝난 것이 아닙니다. 승천으로 구주로서의 역사가 다 끝난 것도 아닙니다. 그리스도께서는 자신의 "지체인 우리에게 하늘의 은사들을 부어 주시는" 성령으로 말미암아 자신의 구원 역사를 펼쳐 보이십니다(제51문답). 이런 은사들 가운데는 그리스도의 교회가 사명을 감당하도록 돕는 능력도 있습니다. 선생으로, 설교자로, 장로로, 목사로, 혹은 다른 유의 교회 지도자로 섬기기도 하고, 농부로, 엄마로, 변호사로, 의사로, 사업가로 섬기기도 합니다. 성령께서는 우리가 하나님의 나라를 가리키는 그리스도의 계속되는 역사에 다 함께 참여하고, 이 세상을 처음 하나님께서 의도하시고 창조하신 세상에 가까워지도록 하는 일에 힘쓰도록 능력을 주십니다.

물론 이 말이 지금부터 우리가 하는 일은 모두 잘 될 거라는 뜻은 아닙니다. 이 교리문답은 이 땅을 살아가는 동안 우리가 "환란이나 핍박"을 당할 것이라고 인정합니다(제52문답). 하지만 우리 안에 거하시는 성령의 위로와 격려와 능력으로, 우리는 두려워하지 않을 뿐 아니라 오랫동안 낙담과 시름에 잠겨 있지도 않을 것입니다. 교리문답이 주장하는 대로, 이 세상에서 우리가 맞닥뜨리는 것과 상관없이, 우리는 낙담하지 않고 "머리를 들어" 우리 주님의 다시 오심을 기다립니다(제52문답). 날마다 일상에서 부딪히는 도전에 함몰되지 않으며, 심지어 도전에 실패하더라도 그 기억에 사로잡히지 않을 것입니다. 우리 믿음이 약하고, 이 땅에서의 삶이 위험하여 두려울 수도 있겠지만, 여전히 역사하시고 마침내 우리를 자신의 나라로 이끌어 들이실 영광의 왕 예수 그리스도를 우리는 주목합니다.

4장. 성령과 성례
[제53-85문답]

주일 아침입니다. 예배시간에 찬양대가 찬송을 부르는 동안 나는 회중석을 바라봅니다. 오른편 세 번째 줄에 결혼식 후 처음으로 예배를 드리는 부부가 눈에 들어옵니다. 이제 갓 결혼하고 막 신혼여행에서 돌아온 그야말로 신혼부부입니다. 서로 손을 꼭 맞잡고 다정하게 앉아 예배를 드리고 있습니다. 같은 장의자 다른 편 끝에는 지난달에 남편을 여의고 홀로 된 부인이 앉아 예배를 드립니다. 결혼 후 오십 년 동안 남편 없이 혼자 예배를 드리는 것은 오늘이 처음입니다. 불현듯 이 신혼부부도 언젠가 저 미망인처럼 홀로 예배를 드릴 때가 올 거라는 생각이 듭니다.

그 장의자 다섯 줄 뒤로 거의 파탄 직전의 한 가정이 보입니다. 아내는 알코올중독자입니다. 남편은 사업에는 성공했으나 알코올중독자인 배우자와 반항적인 자녀로 인한 가정의 어려움 때문에 항상 패배의식에 싸여 있습니다. 십 대인 그의 아들은 오늘 오렌지 색으로 염색한 스파이크 머리를 하고 왔습니다. 앉아 있는 모양새로 보아 오늘도 부모의 성화에 못 이겨 억지로 교회에 나온 듯합니다.

그 뒤로 한 젊은 부부가 앉아 있습니다. 얼마 전 내가 유아세례를 베푼 아이의 부모입니다. 자신들의 자녀만큼은 오렌지 색으로 염색한 스파이크 머리를 하는 아이로 크지 않을 거라 자신하고 있을지도 모르겠습니다.

통로 건너편 장의자에는 일흔 줄의 한 남성이 앉아 있습니다. 그 역시 혼자입니다. 예배가 끝나면 아내에게 점심을 먹여 주기 위해 다시 요양원으로 가야 합니다. 아내는 수년째 치매를 앓고 있습니다. 그래서 매 주일을 그렇게 보냅니다. 아내에게 가면 그 날 예배가 어땠는지 말해 줍니다. 하지만 아내는 그가 누군지도 알아보지 못합니다.

몇 줄 앞에는 올해 은퇴를 앞둔 한 부부가 앉아 있습니다. 하지만 안 좋은 경제사정 때문에 그마저도 불투명합니다. 이런 사정으로 심정이 다소 복잡할 거라는 생각이 들지만, 나하고 이야기만 하면 온통 언제쯤 우리 교회가 노숙자들에 대한 선교를 더 진지하게 다룰 수 있을지 고민할 뿐입니다.

이 부부 바로 앞에는 아프가니스탄에 파병된 아들을 둔 어머니가 앉아 있습니다. 예배시간의 목회 기도에서 "목숨을 걸고 전장에 나간 장병들"을 위한 기도를 빠뜨리기라도 하면, 예배가 끝나고 바로 나에게로 와서 말해 줍니다. 하지만 얼마 전 그녀와 길게 이야기를 나누는 가운데 아들에 대한 이런 관심의 이면에는 그녀가 이혼한 것에 대한 죄책감이 자리하고 있다는 것을 알게 되었습니다.

찬양대의 찬양이 끝나고 설교단으로 나아가 "하나님의 말씀을 들으십시오"라고 선포합니다. 이런 모든 절박한 사정들을 내가 어떻게 다 다룰 수 있단 말입니까? 모든 어그러진 삶을 바로 잡을 분은 살아계신 말씀뿐입니다. 젊은이들이 갖는 비현실적인 기대들로부터 어느 정도 인생을 산 사람들의 상한 마음에 이르기까지 그들에게 필요한 은혜를 주실 수 있는 분은 오직 성령뿐입니다.

설교가 끝나자 회중들이 길게 줄을 서 성찬상으로 나아옵니다. 회중 한 사람 한 사람이 떡과 잔을 받으면서 나와 눈을 마주칩니다.

아주 짧은 순간이지만 잃어버린 남편, 어려움을 겪고 있는 가정, 깨져버린 꿈, 계속해서 우리를 괴롭히는 죄책 등이 떠오릅니다. 나는 떡을 떼어 들면서 "당신을 위해 찢기신 그리스도의 몸입니다"라고 말합니다. 이것이 내가 할 수 있는 말의 전부이자 사람들이 들어야 할 말의 전부입니다. 하지만 하나님의 은혜를 맛보기에는 충분합니다. 너무나 작은 떡 한 조각이지만 성령은 이를 통해 많은 역사를 이루십니다.

성령의 위로

하이델베르크 교리문답은 이제 성령의 인격과 사역을 요약하는 사도신경의 세 번째 부분으로 나아갑니다. "성령은 성부와 성자와 더불어 참되고 영원한 하나님이십니다"라는 대답으로 시작합니다(제53문답).

성경의 가장 처음부터 이미 성령께서 일하시는 것을 엿볼 수 있습니다. 창세기는 창조 때에 하나님에게서 나온 바람이 흑암과 혼돈을 물리치고 그 자리에 빛과 아름다움을 창조하시면서 깊은 수면 위에 운행하시는 것을 말합니다(창 1:1-2). "하나님에게서 나온 바람"이라는 의미의 히브리어 '루아흐'는 하나님의 성령으로 번역할 수 있습니다. 오순절에 다시 성령께서는 새로운 교회에 생명을 불어넣으시고, 각 나라의 방언으로 된 구원의 메시지로, 예수 그리스도의 제자들을 타오르게 하는 강력한 바람으로 나타나십니다(행 2:1-4). 이처럼 성부, 성자와 더불어 성령은 항상 우리의 영원한 하나님이셨습니다. 또한, 성령께서는 우리 삶에서 예수 그리스도가 이루신 구원으로 말미암아 하나님을 우리에게, 그리고 우리를 하나님께로 이끄시는 창조의 능력으로 여전히 일하십니다.

성령의 사역에서는 개인적인 성격이 현저히 드러납니다. 교리문답은 "성령은 나에게도 임하셔서"라는 말로 우리 각자에게 성령이 거하심을 가르칩니다(제53문답). 성령은 그리스도로 말미암은 하나님의 사랑과 구속을 우리 개인의 삶으로 가지고 오십니다. 다른 말로 하면, 하나님께서는 단지 "세상을 이처럼 사랑"하실 뿐 아니라(요 3:16), 당신도 그렇게 사랑하십니다. 창조주께서는 성령을 통해 더 선한 창조를 당신의 삶에서 이루십니다. "성령은……참된 믿음으로 그리스도 안에서 그의 모든 은택에 참여하게 하시고 나를 위로하시며 영원토록 나와 함께 계십니다"(제53문답).

목사로서 회중들 개개인이 가진 다양한 필요를 생각할 때, 내가 할 수 없는 일들을 능히 이루시는 성령을 의지할 수밖에 없습니다. 성령께서는 그들이 그리스도의 생명 안에서 그리스도와 함께 후사가 된 모든 즐거움을 받아 누리게 하십니다. 성부의 사랑을 받는 성자의 신분으로 우리를 양자로 삼으심으로, 성령께서는 하나님께서 사람을 창조하실 때 부여한 하나님의 자녀라는 원래의 정체성을 회복해 주십니다. 그리고 이 신분을 빼앗아갈 자는 아무도 없습니다. 심지어 우리도 자신에 대해서 그럴 수 없습니다. 성령께서 우리 안에 영원히 거하시기 때문입니다.

성령께서는 슬픔과 질병과 깨진 관계에서 오는 상처들로 힘겨워하는 지체들을 어떤 인간도 할 수 없는 방식으로 위로하십니다. 자신들이 어떤 심정인지도 모르는 사람에게서가 아니라 자신들의 마음을 회복하고 치료할 능력이 있으신 성령을 통해서 그들은 위안을 얻습니다. 성령께서는 인생이 어떤지를 아십니다. 그리고 그것을 점점 우리에게 알게 하십니다. 기쁜 일이든 그렇지 않은 일이든 우리가 겪는 삶의 모든 경험을 통해 성령께서는 우리를 예수 그리스도의 생명 안으로 더 깊이 뿌리 내리게 하십니다.

거룩한 공동체로 이끌림

성령께서 우리 삶에 역사하시는 가장 주된 자리 가운데 하나가 바로 교회 공동체입니다. 교리문답은 이렇게 고백합니다. "하나님의 아들께서 창세로부터 세상 끝날까지……그의 말씀과 성령으로 모으시고, 보호하시고, 보존하십니다"(제54문답). 사도신경이 "거룩한 공회"라고 말하는 바로 그 공동체를 가리킵니다. 사도신경은 공교회(catholic Church)를 일컬으면서 소문자를 사용합니다. 로마가톨릭(Catholic)이 아닌 많은 교파와 신학 전통으로 이루어진 보편교회를 가리키는 말이기 때문입니다.

교리문답은 성령과 말씀이 애초부터 교회 공동체를 이루어 오고 있다고 주장함으로써, 성령과 하나님 아들의 사역이 원래의 계획이 실패해서 비롯된 차선책이 아니라는 것을 분명히 합니다. 하나님이 먼저 율법으로 우리를 회복하려고 하시다가 실패해서 주신 것이 아니라는 말입니다. 오히려, 처음부터 삼위 하나님은 교회 공동체를 통해서 우리를 하나님의 공동체로 들어오게 하신 것입니다. 이런 사실은 성찬에서 은혜의 떡을 떼려고 줄을 선 성도들에게 엄청난 의미를 줍니다. 성찬은 죄에 중독된 사람들을 위한 재활프로그램이 아닙니다. 애초에 지어진 바로 그 목적을 성취하고 있기 때문입니다. 하나님과 교제를 누리는 것 말입니다. 오직 성령과 성자만이 그들을 하나님의 교제로 들어오게 하실 수 있습니다.

1. 모으심

제54문답은 교회를 위해 하나님의 성령께서 이루시는 세 가지 특별한 행위를 약속합니다. 첫째, 성령께서는 온 인류 가운데서 우리를 "모으십니다." 어떻게 한분이신 구주를 예배할 것인가에 대한 성도들 간의 차이는 그대로 둔 채 그저 모이기만 하는 것이라면, 곧 큰 문제를 일으킬 수밖에 없습니다. 하지만 우리는 그저 모이기만 하는 것이 아닙니다. 그리스도 안에서 모이는 것입니다. 우리 모두를 그리스도 예수와 하나 되게 하는 성령으로 말미암아 우리는 항상 자기만족보다는 하나 됨을 이룹니다. 그리스도인들을 분리하는 장벽이 제거되기를 바란다면 언제든 우리는 그럴 수 있습니다(엡 2:11-12). 교회 안에 존재하는 구분들이 신학적 정당성을 지켜 주는 게 아닙니다. 예수 그리스도라고 하는 공통된 중심으로 모든 신자를 모으시는 성령의 사역만이 그 정당성을 지켜 줍니다.

2. 보호하심

둘째, 교리문답은 하나님이 창조하신 거룩한 공동체를 성령께서 "보호하시고"라고 고백합니다. 성령께서 특이하게 교회 둘레에 담이라도 쳐서 보호하신다는 말이 아닙니다. 제자들이 오순절에 발견한 것처럼, 성령께서는 온 세상을 향한 예수님의 계속되는 구속 사역에 교회가 헌신할 수 있도록 하십니다. 교회가 세상을 두려워해서 세상과 단절하면 언제든 교회는 메마르고 윤기를 잃어버립니다. 하지만 그리스도께서 하시는 새 생명의 역사에 참여하도록 부름을 받은 것을 알고 자신을 드릴 때마다 교회는 흥왕했습니다.

그렇다고 교회가 신학적 정통성을 포기해야 한다는 뜻은 아닙니다. 동시대 사회의 "가려운 귀"를 긁어주느라 교회 본연의 메시지를 손상하고 타협해서는 안 된다는 말입니다(딤후 4:3). 사람들이 듣고 싶어 하는 소리만 해서는 안 됩니다. 오히려, 교회는 항상 변화하는 상황 속에서 성경이 말하는 예수 그리스도 안에 있는 구원의 메시지를 변함없이 선포해야 합니다.

예를 들어, 지난 세기에 남아프리카공화국에 있는 개혁교회는 사회에 만연한 인종 차별을 거부하는 발언을 해야 했습니다. 남아프리카공화국이 지속해 온 인종 분리와 차별 정책은 예수 그리스도의 복음에 반한다는 것을 교회는 분명히 알았습니다. 한 세기 전만 해도 남아프리카공화국의 사회는 물론 그 안에 있는 교회도 이 선교적 선포를 위한 준비가 되어 있지 않았습니다. 하지만 20세기 말이 되자, 그 사회에 만연한 인종 차별에 대해 목소리를 높이는 것이 불의에 대항하는 잣대가 되었고, 그 나라에서 이 선지자적인 사명에 참여하지 않는 교회는 살아남을 수 없게 되었습니다. 사실 이런 일은 늘 있었습니다.

1세기의 교회는 노예제도에 대항하지 않았습니다. 하지만 19세기 초 미합중국의 많은 교회는 노예제도가 예수 그리스도를 모욕하는, 반드시 폐지되어야 할 악한 제도인 것을 알았습니다. 미국 사회의 영적 부흥인 제2차 대각성 운동은 바로 이 시기에 일어나기 시작했습니다. 당시 모든 교회가 그런 것은 아니었지만, 예수 그리스도는 모든 사람을 자유롭게 하신다고 선포함으로써 교회는 놀라운 부흥을 경험했습니다. 오늘날 교회는 성령이 이끄신 이 부흥의 결과로 많은 유익을 얻고 있습니다.

성령께서는 현재 교회가 처한 상황에서 그리스도가 주신 사명을 감당할 때 항상 교회를 보호하십니다. 얼마나 위로가 되는 사실입니까! 성령은 사회를 잘 아십니다. 사회가 사회를 이해하는 것보다 더 잘 아십니다. 각각의 문화적 상황 속에서 예수 그리스도의 사역을 언제 어떻게 펼쳐나가야 할지 정확히 아십니다. 하나님의 공동체가 구주를 따라 세상으로 들어갈 때 성령께서는 교회의 정체성을 보호하십니다.

3. 보존하심

성령의 사역과 관련하여 이 교리문답이 고백하는 셋째 약속은, 성령께서 하나님의 아들을 위하여 교회를 "보존하신다"는 사실입니다. 교회사를 연구하면 할수록 분명히 확인되는 사실이 있습니다. 인간의 관점에서 본다면 교회는 세상에서 벌써 사라졌어야 할 기관이라는 점입니다. 이천 년 이상 우리는 이런 사실을 확인해 왔습니다. 권력, 정의, 진리, 자비의 측면에서 교회가 잘못된 편에 선적이 얼마나 많았는지 모릅니다. 그런데도 교회는 여전히 존재합니다. 우리가 잘해서가 아닙니다. 성령께서 교회를 새롭게 하시는 역사를 끊임없이 이루어 가시기 때문입니다.

온전히 되살아남

성령께서는 우리가 교회라 부르는 거룩한 공동체를 모으시고, 보호하시고, 보존하십니다. 이 교리문답은 계속해서, "영생을 주기 위해 택하신" 교회를 성령께서 "참된 믿음 안에서 하나가 되게" 하시며, 모든 사람이 "이 교회의 살아 있는 지체"라고 말합니다(제54문답). 우리는 이 교회의 지체로서 다시 살리심을 받습니다. 여기에서 하이델베르크 교리문답은 "나"라는 말에서 출발합니다. 내가 온전히 되살아날 수 있는 것은 오로지 말씀과 성령으로 창조된 공동체인 "우리"에 참여할 때만 가능하다고 주장하는 것입니다. 교회는 나의 가치와 경험을 공유하는 사람들과 함께 지내기 위해 내가 택하여 속하게 되는 동호회 같은 것이 아닙니다. 교회는 하나님과의 교제로 말미암는 생명으로 세상을 이끌어 들이기 위해 예수 그리스도와 성령께서 창조하신 공동체입니다.

우리가 태어나거나 입양된 가족의 지체가 되기로 선택할 수 없는 것처럼, 하나님의 한 권속으로 부름을 받은 교회의 지체들을 우리가 선택할 수는 없습니다. 교회 지체들 가운데서 우리가 맞닥뜨리는 차이는, 복음의 진리가 무엇인지에 대한 상반되는 이해들로 가득한 이 세상에서, 예수님의 사명을 어떻게 따를지를 이해하도록 하는 예비적인 경험일 뿐입니다. 성령께서 오순절에 강림하셨을 때, 예수님의 제자들은 우리와 비슷한 상황에 있는 사람들과 함께한 것이 아니라, 우리가 알지 못하는 언어로 이야기하는 사람들과 교제함으로써 다시 살아났습니다.

나는 오랫동안 교회 회원으로 있어 온 지체뿐만 아니라 이제 갓 교회 회원이 된 대학원 학생들이 함께하는 교회위원회 모임을 좋아합니다. 한 사람이 무엇을 말하면 다른 사람이 고개를 갸우뚱거릴 때가 많지만, 이런 모습을 볼 때마다 웃음을 감출 수가 없습니다. 성령께서 각 사람의 목소리를 통해, 교회의 다른 지체들이 기독교 공동체인 "우리"로 말미암아 더욱 온전히 살아나도록 하실 것을 알기 때문입니다. 이런 "우리"는 많은 그리스도인 가운데 한 명의 그리스도인으로 존재한다는 의미가 무엇인지 알고자 하는 "나"를 이해하기 위해 꼭 필요합니다. 칼 바르트가 말한 것처럼, 나를 위한 그리스도는 무엇보다 먼저 "우리를 위한"(pro nobis, 프로 노비스) 그리스도입니다.[9]

"나"는 "우리" 가운데 있을 때 소중한 가치를 발견할 수 있습니다. 독불장군 같은 그리스도인은 있을 수 없습니다. **나**의 믿음은 **우리**의 믿음을 통해 형성되고, 빚어지고, 책임을 갖게 됩니다.

16세기에 기록된 하이델베르크 교리문답과 같은 역사적 자료를 여전히 연구하고 배우는 것도 바로 이런 이유입니다. 성령은 오늘날 교회만 연합하게 하시는 것이 아니라 모든 역사 가운데 있는 전체 교회도 하나 되게 하십니다. 내 믿음이 단지 내 마음에서 발견한 것에만 기반을 둔 것이라면 너무나 불확실하고 불안정할 것입니다. 하지만 나의 믿음은 수천 년 동안 성령께서 하신 일을 믿는 믿음이기 때문에 반석 위에 선 믿음입니다.

성도의 교제

이처럼 우리는 오늘날 교회를 구성하는 이들의 믿음에 함께 참여할 뿐 아니라, 우리를 앞서간 성도들의 믿음에도 참여합니다. 이 교리문답과 사도신경이 성도의 교제라고 하는 교회의 가르침을 이야기하는 것도 바로 이런 맥락입니다.

교리문답과 사도신경에서 "성도의 교제"라는 말은 특별히 탁월한 믿음을 발휘했던 사람들만을 뜻하는 게 아닙니다. 수세기에 걸쳐 자신을 은혜로 구원받은 죄인으로 믿었던 모든 사람을 가리킵니다. 교리문답은 이런 교회의 지체들이 거룩한 공교회의 "지체로서 그리스도 안에서 그의 모든 부요함과 은사를 공유한다"고 말합니다(제55문답).

오늘날 교회는 예배형식, 선교전략 등 수많은 어려운 선택에 직면해 있습니다. 하지만 성도의 교제라는 위대한 사실은, 이것이 우리 자신만의 선택이 아니라는 점을 상기시켜 줍니다. 장래에도 성령께서 교회에 지금과 똑같이 역사하시고, 아니 더욱 놀랍게 역사하실 거라는 사실이 얼마나 큰 위로가 되는지 모릅니다. 우리가 실수해도 성령께서는 우리를 다시 그리스도께로 이끌어 가실 것입니다. 교회라는 이름으로 항상 거룩한 것만은 아니었던 하나님의 공동체를 통해 저질러진 수많은 잘못과 십자군 같은 일이 일어난 후에도 성령께서 그러셨던 것처럼 말입니다.

죄 사함으로 다시 돌아감

하이델베르크 교리문답은 다시 죄 사함의 필요로 우리를 이끌어 갑니다. 부분적으로 이것은 교리문답이 사도신경과 십계명과 주기도문에서 우리가 발견하는 믿음의 요약을 따라가기 때문입니다. 사도신경, 십계명, 주기도문은 모두 우리가 죄 사함이 없이는 사나 죽으나 위로를 받을 수 없다고 가르칩니다. 마찬가지로 이 교리문답도 계속해서 이 주제로 돌아갑니다. 우리 중 누구도 죄 사함을 받을 필요가 없는 자는 없기 때문입니다. 하지만 이 주제로 돌아간다고 해서 매번 같은 내용을 반복하는 것은 아닙니다. 죄 사함의 필요로 돌아갈 때마다 용서하시는 하나님의 은혜에 대한 이해가 더욱 깊어지기 때문입니다.

이 부분에서 교리문답은 또 다른 놀라운 주장을 합니다. "그리스도의 대속으로 내가 지은 죄와 평생 내가 싸워야 할 죄악 된 본성을 하나님께서는 기억하지 않으실 뿐 아니라, 오히려 은혜로 나에게 그리스도의 의를 덧입혀 주셔서 영원토록 나를 심판에서 자유롭게 하실 줄 믿습니다"(제56문답). 앞에서 용서받는다는 것은 우리 죄에 따르는 형벌로부터 자유롭게 되는 것을 의미한다고 했습니다. 심판의 감옥 문이 활짝 열렸기 때문입니다. 이제 우리는 고백한 죄에 대한 기록이 말살된 것을 봅니다. 완전히 지워진 것입니다. 전능하신 하나님조차 그것을 기억하지 않으십니다.

예수 그리스도께서 십자가에서 하나님의 형벌을 다 담당하셨기 때문에, 하나님께서는 "은혜로 나에게 그리스도의 의를 덧입혀 주셔서 영원토록 나를 심판에서 자유롭게" 하십니다(제56문답). 그러므로 하나님께 죄를 고백하고도 계속해서 죄책의 진창에서 허우적대는 것은, 우리 죄를 위한 예수님의 대속이 부족하다고 하는 것과 다름이 없습니다. 예수님조차 다 다루지 못할 만큼 우리의 죄책이 크다는 것으로, 이는 곧 예수님에 대한 믿음이 없다는 말입니다. 우리는 이런 불신앙으로 같은 죄를 계속해서 고백하는 일이 없도록 해야 합니다. 이런 우리에 대해 자비가 많으신 하나님은 "네가 지금 무슨 말을 하는지 모르겠다"고 하십니다.

예수님은 제자들에게 쟁기를 잡고 뒤를 돌아보지 말라고 하셨습니다(눅 9:62). 누구든지 쟁기를 잡고 뒤를 돌아보는 자는 "하나님의 나라에 합당하지 않다"고 하십니다. 믿음은 우리의 영광스런 날이나 고통과 실망의 날은 물론, 그리스도의 이름으로 하나님께 고백한 죄악에도 더는 머물러 있지 말라고 합니다. 오직 하나님의 미쁘심을 기억하고자 할 때만 교회는 뒤를 돌아봅니다. 이를 통해서 교회가 앞으로 어떤 도전을 받더라도 여전히 신실하게 함께하실 하나님을 믿음으로 절름거리지 않고 자유롭고 담대하게 걸을 수 있도록 말입니다.

때로 불안에 떠는 교인이 "저는 그저 제가 저지른 죄의 대가를 기다릴 뿐입니다"라고 말할 때가 있습니다. 그러면 똑같은 죄인들 가운데 하나인 나는 항상 이렇게 대답합니다. "그런 말 하지 마십시오. 당신이 진정 받기를 원하는 것은 죄의 대가가 아닌 하나님의 은혜입니다." 우리는 모두 우리의 죄를 잊기로 하시고 지난날의 죄책에서 자유로운 활짝 열린 앞날을 선사하시는 은혜로운 하나님이 절실히 필요합니다. 그런데도 여전히 자신의 죄책을 붙들고 좌불안석하기로 선택할 수도 있습니다. 하지만 교리문답이 분명히 말하는 것처럼 적어도 우리 하나님은 그러지 않으십니다.

하나님은 우리를 보시되, 예수 그리스도의 사역으로 말미암아 의롭다 함을 받고 성령으로 말미암아 그리스도의 의에 접붙여진 백성으로 여기십니다. 그러므로 우리도 자신을 그렇게 여겨야 한다고 교리문답은 말합니다.

그러니 이제는 뒤를 돌아보지 말고 앞으로 걸음을 내디디라고 하면서, "참된 믿음으로 그리스도에게 접붙여진 사람은 감사의 열매를 맺지 않을 수 없다"고 말합니다(제64문답). 병적으로 자신의 죄에 집착하는 우리를 자유롭게 하는 또 다른 놀라운 은혜가 여기에 있습니다. 성령께서 우리 생명에 거룩한 씨를 심으십니다. 우리가 죄로부터 자유롭게 된다는 것은 곧 새로운 미래를 향해 자유롭게 나아간다는 말입니다. 이제 우리는 이전에 우리가 저지르거나 간과한 일들로 인한 죄책에 매여 있지 않습니다. 오히려, 우리는 사랑과 희락과 화평과 오래 참음과 자비와 양선과 충성과 온유와 절제라는 성령의 열매를 맺는 사람들로 나타납니다 (갈 5:22-23). 그러므로 죄를 용서받고 성령을 받은 신자는 모두 예수님과 마찬가지로 신령한 모습으로 드러납니다.

이런 열매는 우리 삶에서 일하시는 성령의 역사로 말미암아 자연스럽게 나타납니다. 신자가 성령의 열매를 나타내지 못하는 것은 자신의 신분에 맞지 않게 살아가기 때문입니다. 한 교인이 나에게 흥분한 것에 대해 의례적인 사과를 건네면서 "화를 내서 죄송합니다. 제가 이렇습니다"라고 하면 나는 웃으면서 이렇게 말합니다. "아니요. 그렇지 않습니다. 당신이 그런 모습에 익숙해져서 그런 겁니다."

성례가 주는 위로

우리는 자신이 하나님의 사랑받는 자녀라는 신분을 항상 기억해야 합니다. 이제 교리문답은 어떻게 성례가 이런 정체성을 공고히 해가는지를 아주 탁월하게 설명합니다. 교리문답은 믿음에 대해 다음과 같이 말합니다.

"성령께서는 거룩한 복음 설교를 통해
우리 마음에 믿음을 일으키시고
성례를 통해 믿음을 확증하십니다"(제65문답).

개혁파 전통에서는 말씀 설교와 성례가 항상 함께 역사한다고 강조하는 사실이 어떤 사람에게는 놀랍게 다가갈 수도 있겠습니다. 하지만 둘 중 하나를 버리고 어느 하나만 강조하면, 둘 다 그 의미를 잃어버릴 수 있습니다.

성례라는 말은 "신비"를 뜻하는 라틴어에서 왔습니다. 세례와 성찬이라는 교회의 두 성례를 통해, 우리는 설교를 통해 선포된 것과 같은 은혜의 복음을 받습니다. 은혜의 복음은 성례의 경험을 통해 신비한 방식으로 신자들에게 전해집니다.

여느 행복한 부부처럼 아내와 나는 매일 "사랑해요"라는 말과 함께 입맞춤으로 하루를 시작하고 마감합니다. 이미 "사랑해요"라고 말했으면 됐지 번거롭게 입맞춤까지 하는 이유가 무엇입니까? 입맞춤할 때 "사랑해요"라는 말로 표현되지 않은 무슨 새로운 사실이 전달되는 것은 아닙니다. 그래도 입맞춤하는 것을 그만두지는 않을 것입니다. 우리 중 하나가 "사랑한다고 이미 말했는데 굳이 입맞춤까지 할 필요가 있겠어요?"라고 묻는다면, 우리 관계가 뭔가 심각하게 잘못되어 있는 것이 분명합니다. 아니면 "입맞춤하는 것도 다 좋아요. 그런데 계속 사랑한다고 말까지 해야 하나요?"라고 하는 것도 관계에 문제가 있는 것입니다.

주일 아침 설교단에 설 때마다 나는 회중을 향해 그리스도께서 신자들을 매우 사랑하신다고 말합니다. 성찬상을 마주하고 서서 신자들에게 그리스도의 찢긴 살과 흘린 피를 나누어 줄 때도, 설교를 통해 선포된 것과 같은 그리스도의 거룩한 입맞춤을 드러냅니다. 하지만 이때는 말로 그리스도의 사랑을 전달하기보다 또 다른 차원에서 그렇게 합니다. 세례를 시행할 때도 마찬가지입니다. 귀로 들을 뿐 아니라 들은 그것을 몸으로 경험하는 방식으로 하나님의 은혜를 나타냅니다.

누군가에게 세례를 베풀 때, 하나님께서 그 사람을 은혜로 살아가는 언약 공동체로 불러들이기로 선택하신 것을 우리는 선포하고 나타냅니다. 세례를 받는 당사자의 노력과 공로가 아니라 예수 그리스도의 보혈로 그 사람의 죄가 깨끗이 씻어졌다고 말합니다. 그리고 이제는 세례를 받는 사람이 일생을 이 놀라운 은혜에 화답하며 살아갈 것이라고 말합니다.

한동안 서로 데이트를 즐기던 한 커플이 있습니다. 마침내 그 중 한 사람이 용기를 내어 "사랑해요"라고 말합니다. 촛불이 놓인 근사한 레스토랑에서 저녁 식사를 하는 자리일 수도 있고, 무심결에 불쑥 마음에 있는 말이 나와 버린 것일 수도 있습니다. 하지만 어쨌든 사랑한다고 한 사람은 큰 위험을 감수하고 말한 것입니다. 사랑을 고백함과 동시에 이제 두 사람의 관계는 갈림길에 서기 때문입니다. 계속 친밀한 관계로 발전하든지, 아니면 그 길로 밥값을 계산하고 각자 집으로 돌아가 더는 만나지 않든지, 둘 중 하나입니다. 사랑하는 사람과 "그저 친구 사이"로 지내는 법은 없기 때문입니다. 세례를 통해 하나님께서는 이 위험을 감수하십니다. 이 의식을 통해 온 교회가 "사랑한다"는 하나님의 거룩한 고백을 듣습니다. 그러면 이제 우리는 숨을 죽이고 세례받는 사람이 "저도 사랑합니다"라고 말하기를 기다립니다.

유아세례는 온 교우가 숨을 죽이고 기다리는 시간이 훨씬 깁니다. 대부분의 개혁파 교회에서는 유아세례를 받은 아이가 믿음으로 훈련되는 긴 시간이 지나고 청소년이 되어야 비로소 하나님의 사랑에 대한 자신의 신앙을 고백하는 경우가 많기 때문입니다. 입교라고 하든 믿음의 공적인 고백이라고 하든, 이것을 통해 우리는 세례의 서약을 확증하고 고백합니다. 유아세례를 받은 사람이 회중 앞에 서서 자신의 입술로 하나님 앞에 "저도 하나님을 사랑합니다"라고 고백하는 순간입니다.

교리문답이 가르치는 것처럼, 세례에 유아들을 포함하는 이유는 히브리인의 자녀들이 할례의 표를 받았던 것과 비슷하게, 신자의 자녀들에게 하나님의 은혜의 표를 준다는 의미가 있기 때문입니다(제74문답 참고). 유아세례를 통해서, 우리가 하나님의 은혜도 알지 못하고 심지어 하나님의 은혜를 받는 것이 무엇인지도 알지 못하는 때에, 어떻게 하나님께서 우리에게 은혜와 사랑을 베푸시는지가 아름답게 드러납니다. 성인으로 세례를 받았든 아니면 유아로 세례를 받았든, 이제 우리는 남은 일생을 이 은혜를 아는 지식에서 자라 가고 하나님께 "저도 하나님을 사랑합니다"라고 말한 것이 무슨 뜻인지를 배워 갑니다.

세례라는 성례를 통해 예수 그리스도의 제자로서 삶을 시작한 우리는 이제 성찬이라는 성례를 통해 이 정체성을 공고히 해갑니다. 성찬상으로 나올 때마다 성령께서 우리를 만나 주십니다. 성령께서 우리를 높이 들어, 부활하고 승천하셔서 성부의 보좌 우편에 좌정하신 예수 그리스도, 곧 우리 구주를 보게 합니다. 그러면 우리는 성부와 성자와 성령과 더불어 교제를 누리고 있다는 사실에 압도됩니다. 양자 된 자녀로서 은혜로 말미암아 거룩한 상에 참여하게 된 것입니다.

개혁파 교회들은 정확히 어떻게 그리스도께서 성찬상에 함께 하시는지를 고민하고 염려하는 대신, 믿음의 성찬을 통해 신자가 그리스도 안에서 온전한 연합으로 높이 들린다는 사실에 주목합니다(제76문답). 성찬식에서 우리가 성찬 제단이 아닌 성찬상이라고 하는 이유가 바로 여기 있습니다. 그리스도를 다시 제물로 드리는 자리라면 그것은 제단이 되어야 할 것입니다(제80문답). 하지만 성찬은 그런 자리가 아닙니다. 그리스도를 다시 대속 제물로 드리는 자리가 아니기 때문입니다. 성찬은 예수 그리스도와 함께한 후사로서 하나님 가족이 함께 앉는 식탁입니다. 거기서 우리는 삼위 하나님의 가족 공동체로서 연합하고 교제를 나눕니다. 가족이 식사 자리를 통해 배우는 것처럼, 우리 역시 성찬상의 연합과 교제를 통해 하나님의 가족으로 살아간다는 것이 무엇인지를 배웁니다.

어렸을 때 나는 형과 함께 두 분의 할머니 집에서 여름을 보내곤 했습니다. 한 할머니는 작지만 우아한 빅토리아 양식의 아담한 집에서 살았고, 다른 할머니는 당시 가족농장에 살았습니다.

두 분 모두 경제적으로 넉넉한 편이 아니어서 사회보장제도와 남편이 남겨준 연금으로 생활을 이어갔습니다. 또한, 젊은 주부일 때 대공황을 겪어서인지 그때까지도 순식간에 모든 것을 잃을 수 있다는 두려움에 사로잡혀 있었습니다. 하지만 정작 두 분이 이런 두려움과 염려에 대처하는 방식은 전혀 달랐습니다. 이런 차이는 저녁 식사 자리에서 확연히 드러났습니다.

도시에 살던 할머니 집에서는 식사 때마다 노란 레이스의 식탁보가 깔린 식탁을 사용했습니다. 작지만 윤이 나는 은촛대를 둘러싸고 이가 빠진 접시들이 가지런히 놓여 있었고, 항상 내가 필요하다고 생각하는 것보다 더 많은 포크가 접시와 나란히 있었습니다. 식사 자리에 앉으면 바로 천으로 된 냅킨을 무릎에 폈습니다. 여성이 오면 항상 자리에서 일어나고, 식탁에서 무엇을 집기 위해 다른 사람 앞으로 손을 뻗는 것은 무례한 것이라고 배웠습니다. 그리고 나무로 된 큰 캐비닛에 설치된 스테레오에서 클래식 음악이 항상 흘러나왔습니다.

그 할머니 집에서 식사하는 것은 나에게 항상 하나의 일이었습니다. 하도 신경을 써서 그런지 저녁을 먹으며 무슨 얘기를 했는지 잘 기억도 나질 않습니다. 하지만 식사 때마다 옷을 단정하게 입었고, 말할 때는 부드럽게 했으며, 레이스가 달린 식탁보에 주스를 쏟아서 무서웠던 기억이 납니다.

반대로, 시골에 살던 할머니 집에서는 주방에서 저녁을 먹었습니다. 할머니 집에는 식당이 따로 없었습니다. 식탁에는 항상 체크무늬 비닐 천이 덮여 있어서 무엇을 쏟아도 별로 상관이 없었습니다. 포크는 하나면 됐고, 혹시 바닥으로 떨어뜨려도 냉큼 주워서 종이 냅킨으로 닦으면 그만이었습니다. 거기다 식탁 주변을 어슬렁거리는 브라우니라는 개 때문에 밥을 빨리 먹어야 했습니다. 음료수를 먹으려면 이런저런 상호가 찍힌 여러 가지 모양의 플라스틱 컵을 사용했습니다. 누가 저녁 식사에 함께하게 될지는 아무도 몰랐습니다. 식사하는 데 혹시 이웃이나 외판원이 들르면 할머니는 한사코 저녁을 먹고 가라고 강권했습니다.

할머니 집의 저녁 식사 자리는 항상 왁자지껄했습니다. 한꺼번에 여러 주제의 이야기가 오가는 것이 예사였습니다. 하지만 언제든 할머니가 이야기하시면 모두가 귀를 쫑긋 세우고 들었습니다. 할머니가 이야기하면서 화통하게 웃으실 때는, 손바닥으로 식탁을 세 번 정도 내려치는 것도 부족해 사레가 들고 뺨으로 눈물이 흘러내릴 정도였습니다.

다시 말하지만, 두 할머니 모두에게는 불안정한 세상의 삶에 대한 두려움과 염려가 있었습니다. 그런데 한쪽은 고상함과 품위를 고집함으로, 다른 한쪽은 주어진 하루하루를 웃으며 기쁘게 살기로 함으로, 두려움과 염려에 압도되지 않으려고 했던 것입니다. 분명한 것은 각자가 자신의 두려움에 어떻게 반응할지를 스스로 결정했다는 사실입니다.

성찬상 앞에 서면 내 삶에 큰 영향을 준 이 두 할머니를 생각할 때가 종종 있습니다. 내가 성찬식을 인도하는 것을 보면서, 도시에 살던 할머니는 아름다운 식탁보와 기품 있는 식기로 성찬상을 준비한 것에 감동했을 것입니다. 참, 음악도 고전에 가까우니 좋아했을 것입니다. 성찬에 참여하는 사람은 누구나 단정하게 옷을 입고, 모두가 정해진 자리에서 정해진 시간 동안 성찬에 참여하며, 말을 해도 아주 작은 소리로 하니 그것도 좋아했을 것입니다. 무엇보다 포도 주스를 식탁보에 쏟을 일이 거의 없으니 그것도 마음에 들었을 것입니다.

하지만 시골 할머니의 식탁을 통해서도 우리는 이 성례의 신학을 많이 찾아볼 수 있습니다. 성찬은 사실 모든 것이 기쁨과 관련이 있습니다. 우리는 실수나 죄를 저지를 수 있습니다. 사실 그래서 우리가 이런 은혜의 성찬에 참여하는 것이 아니겠습니까? 낯선 사람도 언제든 환영을 받습니다. 그리고 예수님도 우리가 모두 그 자리에 모여 그분과 함께 교제하는 것을 매우 기뻐하십니다. 할머니가 그랬던 것처럼, 정말 좋아서 세 번이나 식탁을 내리치시는 예수님을 떠올릴 정도입니다. 기쁨의 눈물이 그분의 볼을 타고 흘러내리는 것도 빼놓을 수 없습니다.

하지만 예배위원회에 성찬보를 빨갛고 하얀 체크무늬가 있는 비닐 보자기로 바꾸고, 우아하고 윤이 나는 은그릇을 플라스틱 식기로 바꾸자고 할 마음은 없습니다. 도시에 살았던 할머니 역시 내가 지금도 잊을 수 없는 교훈, 다시 말해 예의 바르고 기품 있게 식사하는 것을 가르쳐 주셨기 때문입니다. 중년의 나이가 된 지금 생각해 보면, 그것도 하나의 은혜의 방편이었습니다. 이 은혜를 통해서 분명히 우리는 현재의 많은 논쟁을 보다 교양 있고 품위

있게 할 수 있습니다. 은혜를 받는 것은 곧 우리가 은혜로워지는 것을 뜻합니다. 오늘날 우리의 교회와 가정과 나라에서 점점 찾아보기 힘든 것이 바로 예의 바름과 정중함입니다. 유쾌함과 허심탄회한 신뢰만큼이나 사려 깊음과 신중함에도 거룩함이 깃들어 있습니다.

여전히 우리는 큰 불안과 염려의 시대를 살아가고 있습니다. 성찬식을 인도하다 보면 문득 나의 두 할머니가 단정한 기품과 순전한 기쁨으로 우리를 독려하며 천국에서 내려다보는 것 같은 생각이 들 때가 있습니다. 성령께서는 이 두 가지 모두로 우리를 부르시고 성례를 통해 우리 삶에서 이런 은사가 열매를 맺도록 하십니다.[10]

그러나 먼저 성령께서 하나님의 완전한 사랑으로 우리의 모든 두려움을 내쫓아 주셔야 열매가 자랍니다(요일 4:18). 우리가 성찬상으로 나올 때마다 기억하고 맛보게 되는 것이 바로 이 사실입니다(제75문답). 우리가 결코 그럴 자격이 있어서 성찬상으로 나아가는 것이 아닙니다. 항상 그리고 오직 은혜로만 나아갑니다. 성찬상에 진설된 하나님의 은혜로운 사랑이 절실히 필요하기에 그 앞으로 나아갑니다.

누가 열쇠를 쥐고 있는가?

아장아장 걷는 유아들이 열쇠꾸러미를 갖고 놀기를 좋아하는 모습을 볼 때마다 참 신기하고 놀라울 따름입니다. 이런 모습을 보고 문득 우리 인간은 원래 자기에게 권위와 주도권을 부여하는 어떤 것에 무한히 끌린다는 생각이 듭니다. 열쇠로는 문을 열 수도 있고 닫을 수도 있습니다. 우리 교회 관리인은 열쇠가 주렁주렁 달린 큰 고리를 항상 허리춤에 차고 다닙니다. 천국의 열쇠를 가진 교회에 대한 논의를 접할 때마다 이 모습이 떠오릅니다. 하이델베르크 교리문답은 교회가 가진 이런 열쇠를 두 가지로 이야기합니다. "거룩한 복음을 설교하고 회개를 촉구하는 기독교의 권징"이라는 두 열쇠를 통해 천국이 신자들에게는 열리고 불신자들에게는 닫힌다고 말입니다(제83문답).

사람을 하나님과 분리하는 죄를 회개시키는 능력이 교회에는 전혀 없습니다. 오직 성령만이 우리로 죄를 깨닫고 하나님을 갈망하도록 합니다. 회중의 지도자들이 교회를 모으는 것이 아닙니다. 지도자들이 죄인을 회중에서 배제한다고 해서 교회가 정결해지는 것도 아닙니다. 누가 교회에 있을지를 결정하는 것도 성령께서 하시는 일입니다. 교회 지도자들은 성령의 인도를 따라 오직 복음을 선포하고, 성령께서 하나님과의 교제로 이끄시는 모든 사람을 받아들이도록 부름을 받은 것입니다.

초대교회는 주일마다 성찬식을 거행했습니다. 하지만 아직 세례를 받지 않고 자신의 죄에서 돌이키지 않는 사람은 성찬에서 배제했습니다. 성찬에서 배제되는 것은 너무나 슬픈 일이었을 것입니다. 하지만 이렇게 함으로써 회개하지 않은 죄인이 자신의 길을 버리고 하나님과의 교제로 돌아오기 위해, 필요한 일은 무엇이나 서슴지 않고 할 것이라고 교회는 생각했습니다. 이처럼 사람을 교회 밖으로 내치는 것은 결코 출교를 목적으로 한 것이 아니었습니다. 죄인들이 죄를 회개하고 하나님과의 교제로 다시 돌이키게 하기 위한 것이었습니다. 그렇다 해도 출교는 결코 쉬운 일이 아니었습니다. 이 일을 감당하기 위해서는 우리가 상상하기 어려울 정도로 겸손과 능력이 필요했습니다. 교회가 세상의 빛으로 드러나고자 한다면 주변에 벌레가 꼬이는 것에 익숙해져야 합니다. 하지만 그런 벌레마저도 하나님이 지으셨습니다. 따라서 우리는 성찬을 통해서 새롭게 하시는 하나님의 은혜를 사모하는 사람은 누구나 이 성찬의 공동체로 받아들일 준비를 해야 합니다.

회중을 이끈다는 것은, 교회 사역자를 포함한 모든 사람을, 하나님에게서 멀어지게 하는 많은 것으로부터 끊임없이 돌이키도록 부르는 것입니다. 그리고 우리는 성령으로 말미암아 집으로 다시 돌아온 모든 사람을 온전히 받아들일 준비가 되어 있어야 합니다. 목사로서 나는 하나님 나라의 열쇠가 내 손에 있지 않고, 진정으로 교회를 보존하시는 성령의 허리춤에 있다는 사실을 발견할 때마다, 얼마나 큰 위로를 얻는지 모릅니다. 성령께서 성찬으로 부르시는 사람들의 면면을 보면서 소스라치게 놀라는 때가 많습니다. 하지만 그럴 때마다 역시 나 자신의 죄를 떠올리지 않을 수 없습니다.

5장. 감사하는 삶

젊은 부동산 중개업자가 아침에 새로운 의뢰인들에게 더 많은 집을 보여 주기 위해 골몰하며 밤늦게까지 컴퓨터를 응시합니다. 이번에는 꼭 계약이 성사되어야 합니다.

아침에 만날 의뢰인들이 자신이 보여 줄 매물 중 하나를 구매할 경우 받게 될 수수료를 계산해 봅니다. 남편과 이혼하고 아이들과 살아가는 그녀의 가정에는 너무나 긴요한 돈입니다. 그녀가 키우는 쌍둥이 아이들이 입을 코트와 신발도 사야 하고, 지금 타고 다니는 차도 폐차 직전이고, 카드비도 연체된 지 오래입니다. 이혼 후 부모로부터 계속 도움을 받고 있지만, 이제는 경제적으로 자립하고 싶은 마음이 간절하고 또 그러리라 다짐해 봅니다.

하지만 이런 다짐에도 불구하고, 자신이 꿈꾸던 삶과는 너무나 동떨어진 자신의 모습에 금방 자괴감에 빠집니다. 이런 순간이 자주 있는 것은 아닙니다. 자괴감에 빠져 있을 여유도 없기 때문입니다. 더 열심히 일하겠다고 계속해서 결심하는 것이 이런 상황에서 그녀가 할 수 있는 전부입니다. 이번에도 다르지 않습니다. "어떻게든 내일은 꼭 계약을 성사시켜야 한다. 이 계약 한 건만 성사시켜도 이번 달은 어느 정도 괜찮을 거야." 얼마나 자주 혼자서 이런 말을 되뇌는지 모릅니다.

다 닳은 테디베어를 끌고 조용히 그녀 곁으로 온 파자마 차림의 쌍둥이 딸이, 그녀의 소매를 잡아끌며 애원합니다. "엄마, 나랑 색칠하면 안 돼요?" "지금은 안돼. 엄마 지금 바빠." 어김없이 똑같은 반응을 하고 맙니다. 어린 딸은 그런 엄마를 이해하기라도 하듯, 어기적거리는 걸음으로 테디베어를 끌고 원래 놀던 곳으로 돌아갑니다. 하지만 딸의 이런 뒷모습에 자신을 원망하며 조용히 눈물을 훔칩니다. 그것도 잠시, 다시 컴퓨터 모니터를 응시합니다.

선

사람은 대부분 선하게 살고 싶어 합니다. 멀쩡히 다른 사람에게 해를 끼치겠노라 다짐하는 사람은 없습니다. 자신이 가장 사랑하는 사람들에 대해서는 더더구나 그렇습니다. 하지만 그런 마음과 달리 그러지 못할 때가 얼마나 많습니까! 인생 여정에는 예기치 않은 많은 굴곡이 있습니다. 그래서 원래의 자리로 다시 돌이키려고 발버둥 치다가 길을 잃기가 십상입니다. 그러면 이제 불안해지기 시작합니다. 심지어 가장 앞서가고 있는 때조차 잘못된 방향으로 가는 것은 아닐까 하며 두려움과 불안함을 떨쳐 버리지 못합니다. 보통 우리는 너무 정신없이 달음박질치는 관계로 자신이 사랑하는 누군가를 넘어뜨린 것도 알지 못할 때가 많습니다.

하나님과의 교제에서 우리를 분리하는 것은 무엇이든 죄라고 하이델베르크 교리문답은 이미 가르쳐 주었습니다. 여기에는 우리 스스로 삶을 바로 잡아 보겠노라 다짐하는 것도 포함됩니다. 우리는 대개 죄를 고백하고 하나님의 은혜에 자신을 맡기기보다는, 자신이 할 수 있는 한 최선을 다해 해결해 보려는 식으로 죄를 다룹니다. 하지만 그런 식으로는 죄를 없애기는커녕 오히려 죄를 더해 갈 뿐입니다. 이 젊은 부동산 중개인의 경우처럼, 가족을 부양하려고 하다가 더 다치게 하는 자신을 발견합니다. 그러고는 이제 자신을 판단하기 시작합니다. 가장 최악의 판단은 타인이 아닌 항상 자기 자신에게서 나오는 법입니다.

신학교에서 가르칠 때, 교인들을 쥐잡듯하는 설교를 하지 말라고 학생들에게 당부하곤 합니다. 설교단에 올라가기만 하면 많은 죄를 지적하며 회중을 비난하는 설교자가 있습니다. 회중을 향해 손가락을 저으며 "부끄러운 줄 아십시오. 당신이 무슨 일을 했는지 보십시오"라고 말합니다. 이런 설교자가 설교단에 서면 회중은 움츠러들면서 "당신이 맞아요. 제가 또 그랬어요"라고 생각하기 일쑤입니다.

이런 설교의 문제는, 그렇게 정죄를 받는 회중 가운데 많은 사람이 이미 스스로 나쁜 죄인이라는 것을 알고서 교회로 나오기 때문에, 더는 그 사실을 확신할 필요가 없다는 데 있습니다. 하지만 자신이 나쁜 죄인이어서 뭘 어떻게 해야 하는지는 알지 못합니다. 부모로서는 여전히 이번 달에도 갚아야 할 돈 때문에 걱정이지만, 그렇다고 아무 때나 자녀들에게 얼굴을 붉혀서는 안 됩니다. 자녀들을 잘 부양하려고 노력하다가 오히려 사랑하는 자녀를 다치게 할 수 있습니다. 이처럼 아무리 의도가 좋아도 잘못된 행동으로 드러나기가 쉽습니다.

사람이라면 누구나 맞닥뜨리는 이런 곤경을 뚫고 예수 그리스도의 은혜가 우리의 삶으로 들어옵니다. 힘든 일은 계속 이어지지만, 은혜가 집세를 내주거나 자녀들을 어떻게 돌봐야 하는지는 가르쳐 주지 않습니다. 하지만 은혜는 우리 삶에서 하나님의 형상을 다시 회복하도록 도와줍니다. 하늘 아버지의 자녀인 우리를 다시 자유롭게 합니다. 물론 현실이 달라지는 것은 아닙니다. 여전히 어려운 결정들은 우리를 기다리고 있지만, 이제 우리는 이런 선택 가운데 하나가 우리를 구원할 것이라 믿지 않습니다. 우리는 하나님의 은혜로 이미 구원받은 사람들로서 결정을 내립니다. 심지어 우리가 하는 선한 일조차 온전하지 못함에도 불구하고, 하나님께서 우리의 허물을 용서하시고 불완전한 우리의 노력을 사용하실 것을 믿습니다.

이탈리아에 있는 피렌체(Firenze) 박물관에서 하루를 보내는 호사를 누린 적이 있습니다. 죄에 대한 심판을 주제로 하는 중세의 그림들을 시작으로 박물관을 둘러보았습니다. 우리의 죄를 심판하는 그림들은 어두운 색깔을 배경으로 정죄하는 분위기였으며, 그림 속 사람들의 표정도 침울했습니다. 그래서인지 유독 그런 그림들 앞에서는 관광객들이 오래 서 있지를 않았습니다. 다시 말하지만 우리는 이미 자신이 나쁜 사람이라는 것을 압니다. 굳이 예술을 통해서까지 그 사실을 일깨울 필요가 없습니다.

중세의 그림들을 지나 인간의 아름다움에 대한 감각과 평가를 회복한 르네상스 시대의 그림들로 나아갔습니다. 거기서 나는 미켈란젤로(Michelangelo)가 만든, 실제 사람보다 더 크고 매우 아름다운 다비드상을 보았습니다. 그 앞에 서 있는 사람들은 누구 하나 자리를 뜨려고 하지 않았습니다. 박물관의 경비가 사람들에게 계속 움직이라고 말을 해야 할 정도였습니다. 그런데도 우리는 모두 그 자리에 그대로 서 있었습니다. 하나님의 형상을 따라 지어진 것이 무엇인지를 예술적으로 승화시킨 작품 앞에서 눈을 뗄 수 없었던 것입니다. 미켈란젤로는 다비드상을 통해 단순히 몸의 아름다움을 나타낸 것이 아니었습니다. 그가 형상화한 것은 하나님이 기뻐해 마지않던 인간의 영혼이었습니다. 하나님께서 자신의 창조물을 얼마나 기뻐하시는지 미켈란젤로는 알았던 것입니다. 영원토록 다윗은 "하나님 마음에 합한 자"로 기억될 것입니다 (삼상 13:14; 행 13:22). 거기서 우리는 우리의 참 자아가 가진 최고의 형상에 주목했고, 그래서 눈을 뗄 수가 없었던 것입니다.

다름 아닌 우리 예수님께서 바로 그런 분입니다. 하지만 그분은 그저 우리가 어떤 존재인지를 보여 주는 단순한 예술 작품이 아닙니다. 하나님이 베푸시는 사죄의 은혜에 우리가 믿음으로 반응할 때, 예수님께서는 진정 우리 자신이 되시며, 하나님도 우리를 그렇게 보시기 때문입니다. 더 나아가 성자와 성부가 누리시는 관계 안으로 성령께서 우리를 접붙이셔서 우리도 하나님의 사랑받는 자녀들이 되게 하십니다.

잘 알려진 대로, 형상은 이미 재료가 되는 돌 속에 있다는 것이 미켈란젤로의 작품에 담긴 철학입니다. 예술가는 단지 그 형상과 관련이 없는 것들을 제거함으로써 형상을 자유롭게 해주는 것입니다. 예수님께서 우리에게 하신 일이 바로 이것입니다. 우리가 상처를 받거나, 좀 잘해 보려고 했던 일을 그르치게 되었을 때, 신발에 묻은 흙먼지를 털 듯이, 우리에게 그냥 털어 버리고 계속 갈 길을 가라고 하십니다(막 6:11). 다른 사람의 탓으로 돌리거나 죄책감에 휩싸여 있는 것은 우리의 조각상에는 없는 모습입니다. 예수님께서는 제자들이 지난날 실패한 기억과 판단과 상처를 짊어지고 다니지 않도록 그들을 자유롭게 해주셨습니다.

감사

우리는 살면서 자신의 죄를 제거하고 그 내면에 하나님의 형상을 회복하기 위한 일을 잘하려 하지 않는다고 교리문답은 가르칩니다. 하지만 예수 그리스도께서 우리를 위해 이미 이 일을 이루셨고 "그의 성령으로 말미암아 우리를 그리스도의 형상으로 회복하신다"고 합니다(제86문답). 장 칼뱅이 『기독교 강요』(Institutes)에서 설명하는 것처럼, 우리 구원의 모든 부분은 우리를 대신한 그리스도의 순종과 그리스도 안에 있는 우리의 생명을 살도록 하는 성령의 부르심으로 이미 완성되었습니다.

우리가 선행에 힘쓰는 것은 죄의 종노릇하는 데서 벗어나기 위함이 아닙니다. 이미 죄의 종노릇하는 것에서 자유롭게 되었기 때문입니다. 우리가 선행에 힘쓰는 것은, 애초에 하나님께서 그 형상을 따라 사람을 지으신 뜻을 이룰 수 있는 능력을 이제는 우리가 가지고 있기 때문입니다. 그래서 우리는 자유에 대한 깊은 감사로 선행에 힘쓰는 것입니다. 하이델베르크 교리문답이 신자의 선행에 관한 이 부분을 "감사"라 부르는 이유가 이것입니다.

감사하면서 화를 내거나, 냉소하거나, 질시하거나, 불친절하거나, 자기중심적이 되는 것은 있을 수 없는 일입니다. 감사는 이런 부정적이고 악한 감정들을 몰아냅니다. 오히려 우리는 감사와 더불어 사랑하고, 헌신하고, 내어주고, 용서하고, 의에 힘쓰는 삶을 살 수 있습니다. 그러므로 감사는 우리의 영적인 상태를 가늠하는 척도라고 할 수 있습니다. 감사한다는 것은, 우리 안에 하나님의 형상을 회복하신 예수 그리스도 안에서 우리가 받아 누리는 은혜에 주목한다는 것을 드러냅니다. 우리는 결코 불친절하거나 괴롭게 하라고 지어지지 않았습니다. 우리의 위대한 조각가는 우리 삶에 붙어 있는 모든 거짓되고 잘못된 형상들을 그리스도 안에서 제거하셨습니다.

하지만 값없이 선물로 받은 구원에 대한 우리의 감사는 성령으로 말미암아 더욱 풍성해집니다. 우리 스스로 우리의 마음에 불러일으키는 감사만으로는 우리가 선해질 수 없습니다. 교회에 오래 다닌 사람들은 예수님께서 우리의 죄로 인해 십자가를 지셨다는 설교나 이야기를 많이 듣습니다. 예수님의 십자가 형벌이 얼마나 끔찍한 것인지 자세히 설명한 후, 설교자는 때로 이렇게 말합니다. "우리 구주께서 당신의 구원을 위해 얼마나 큰 대가를 치르셨는지 보십시오. 예수님께서는 우리의 구원을 위해 자신의 할 바를 다하셨습니다. 자 이제 우리 차례입니다. 우리가 이 구원에 얼마나 감사하는지 경건한 삶을 통해 보여 드려야 합니다." 이런 설교는, 우리에게 필요한 모든 것은 지난날의 죄악들이 사해지는 것이고, 이로 인한 우리의 자발적 감사가 우리를 거룩하게 만들고도 남을 만큼 능력이 있다는 말로 들립니다. 이런 생각은 본질상 구원을 다시 얻은 기회 정도로 전락시키고, 다시 얻은 소중한 기회를 더는 망치지 말라고 훈계하는 것입니다. 예수님의 사역은 십자가에서 다 끝났고 지금부터 거룩하게 사는 것은 우리 책임이라는 말입니다.

너무나 잘못된 생각입니다. 하나님께 다시 한 번 기회를 얻는다고 달라질 것은 아무것도 없습니다. 처음 기회를 얻었을 때 망쳐 버렸던 것과 전혀 다르지 않을 것입니다. 부활하시고 승천하신 우리 구주께서 계속해서 우리 삶을 구속하시고, 우리의 구원을 펼쳐 가시고, 자유롭게 거룩함을 추구해 가는 사람들로 우리를 변화시켜 주셔야 합니다.

그러므로 우리는 항상 예수님이 이루신 일뿐만 아니라 날마다 성령을 통해 우리 삶에서 이루어 가시는 일로도 감사해야 합니다. 우리는 은혜로 구원을 받았습니다. 하지만 아직 끝나지 않은 우리 구주의 은혜로 말미암아 우리는 그리스도인의 삶에서 자라갑니다. 우리가 선을 행할 수 있도록 그리스도께서는 계속해서 우리를 자유롭게 하십니다. 성령께서는 계속해서 우리 마음을 감사로 채우셔서 우리가 선행을 사모하도록 하십니다. 이런 일들은 단번에 이루어지지 않습니다. 하이델베르크 교리문답은 우리의 회심을 단번에 이루는 것이 아닌 계속해서 "옛 사람이 죽고 새 사람으로 사는"과정으로 이야기합니다(제88문답).

하이델베르크 교리문답은 우리의 감사를 "그리스도로 말미암아 전심으로 하나님을 기뻐하고 모든 선행에 힘쓰는 가운데 하나님의 뜻을 따라 살기를 사모하며 즐거워하는 것"이라고 합니다(제90문답). 더 많이 감사할수록, 하나님의 뜻을 더 즐거워합니다. 하나님의 뜻을 따라 살수록, 이로 인한 즐거움으로 감사가 더욱 넘쳐납니다. 동시에 "진실로 죄를 슬퍼하고" 죄를 "미워하며 피하게" 됩니다(제89문답). 죄야말로 우리가 이토록 즐거워하는 감사의 삶을 파괴하는 원흉인 것을 알기 때문입니다. 이런 방식으로 하나님을 기쁘시게 하는 삶으로 점점 자라갑니다. 우리를 소외시키고 불평과 불만으로 가득 차게 하는 옛 사람이 죽고, 거룩하고 희락이 넘치는 선물인 새 생명으로 자라나 남은 생을 하나님을 향한 깊은 감사로 살아갑니다. 이것이 바로 하이델베르크 교리문답이 "참된 회개, 혹은 회심"이라고 부르는 것입니다(제88문답).

마지막으로, 삶을 송두리째 바꾸어 놓는 이 감사는 태도나 신학적인 열심을 넘어선다는 사실을 기억해야 합니다. 이 감사는 구체적이고 특정한 찬양의 행위로 드러날 수밖에 없습니다. 앤 보스캠프(Ann Voskamp)는 이렇게 말합니다. "붓을 가지고 내 삶의 모든 것을 감상적이고 피상적인 감사로 대충 덧칠하자, 정작 내가 마음에 구체적으로 깊이 감사하고 있는 것을 거의 발견할 수가 없었다. 평생 해온 '범사에 감사하라'는 설교들과 서가에 즐비한 이런 주제의 책들과 나 자신이 분명히 증언하는 것이 있다. 감사의 못은 한 번에 하나씩 박아야지, 그러지 않으면 삶을 뒤바꾸는 감사는 하나도 내 삶에 남아 있지 않을 것이라는 사실이다."[11] 3장에서 우리가 살펴본 대로, 하나님의 사랑은 추상적이지 않습니다. 구체적입니다. 이런 하나님의 사랑을 경험하는 우리의 감사 역시 구체적일 수밖에 없습니다.

우리가 누리는 자유, 새 생명, 희락이 넘치는 감사를 위해서 우리는 하나님의 말씀과 성령을 의지합니다. 그러나 하나님께서는 여기서 그치지 않고, 우리 인생의 여정을 구체적인 이정표로 인도해 주십니다. 이런 이정표를 따를 때 우리는 바른길을 갈 수 있습니다. 이 이정표를 성경은 십계명이라고 합니다. 하이델베르크 교리문답은 십계명을 한 계명씩 상세히 다룹니다.

자유롭게 하는 계명

장 칼뱅은 하나님께서 돌판에 새겨진 계명을 모세에게 주신 것처럼, 우리 마음에 하나님의 손가락으로 새긴 율법이 기록되어 있다고 했습니다. 또한, 그는 율법은 하나님을 무서워하라고 주신 것이 아니라 우리의 구원자시고 우리가 누리는 자유의 원천이신 하나님을 사랑하는 방편이라고 했습니다(『기독교 강요』 II.vii.12).

그래서 개혁파 그리스도인들은 하나님을 사랑하는 것을 그저 단순한 감정적 경험으로 생각해 본 적이 없습니다. 우리는 하나님의 율법을 순종함으로 하나님을 사랑합니다. 하나님의 율법은 그리스도께서 우리를 자유롭게 하셔서 힘쓰도록 하신 선을 나타내 보이기 때문입니다(제91문답). 칼뱅이 말한 율법의 세 가지 용도가 있습니다. 제1의 용도는 우리의 죄를 깨닫게 하는 것이고, 제2의 용도는 형벌을 두려워하도록 악인의 행위를 억제하는 것입니다. 제3의 용도는 앞의 두 용도와 달리 "성령으로 새롭게 되고 그 마음이 성령의 지배 아래 있는 신자들을 위한" 것입니다. "율법이야말로 신자들로 날마다 더 위대한 진리를 배우게 하고, 자신들이 힘써 따르기를 바라는 하나님의 뜻이 무엇인지를 확실하게 배울 수 있는 최상의 도구이기" 때문입니다(『기독교 강요』 II.vii.12). 따라서 십계명은 우리를 자유롭게 하신 하나님의 뜻을 계시함으로써 우리가 받아 누리는 자유를 지키는 방편을 제공합니다.

애굽에서 종살이하던 히브리인들에게 위대한 출애굽이 있은 지 석 달 만에 십계명이 주어졌다는 사실은 매우 중요합니다. 하나님께서는 바로의 압제하에서 고통으로 신음하던 백성의 부르짖음을 들으시고 홍해를 갈라 그들을 구해 내셨습니다. 지중해 해안을 따라 애굽에서 약속의 땅까지 이르는 "블레셋 대로"라 불리던 길이 있었습니다. 많은 사람이 이 길을 따라 왕래했고, 그런 만큼 먼 길을 오고 가기에 필요한 먹을 것과 마실 물이 풍부한 길이었습니다. 그리고 애굽에서 약속의 땅에 이르는 가장 빠른 길이기도 했습니다. 그러나 하나님께서는, 자기 백성이 애굽의 종살이에서 벗어나 새로운 삶에 적응하기가 힘들어지면, 고귀한 자유를 마다하고 애굽으로 다시 돌이킬 것을 아셨습니다(출 13:17). 그래서 그들을 먹을 것과 마실 것이 거의 없고 큰 위험이 도사린 거친 사막을 관통하는 "광야의 굽은 길"로 인도하셨고, 그 길을 통해 히브리인들은 어떻게 하나님을 믿어야 하는지를 배웠습니다. 거기서 받은 것이 바로 그들을 자유의 길로 인도할 십계명이었습니다.

아브라함, 모세, 다윗, 세례요한, 바울 등, 성경 드라마의 주인공들은 예외 없이 광야에서 하나님과 교제하기를 원했습니다. 심지어 예수님도 그랬습니다. 그리고 오늘날도 하나님은 역경의 광야를 통해서만 우리를 약속의 땅으로 이끄시고, 그러는 가운데 우리는 하나님께서 원래 창조하신 사람들이 되어 갑니다. 이 길은 하나님께서 종노릇하던 우리를 어디서나 신실하게 행할 줄 아는 하나님의 사랑을 입은 피조물로 변화시키는 힘겨운 길입니다.

십계명은 우리가 얻은 자유를 어떻게 지켜야 하는지 가르쳐 줍니다. 그런 의미에서 십계명의 도입부는 아주 중요합니다. "나는 너를 애굽 땅, 종 되었던 집에서 인도하여 낸 네 하나님 여호와니라"(출 20:2). 여기서 우리는 율법을 주신 하나님의 뜻을 알 수 있는 실마리를 발견합니다. 하나님은 우리에게 "내가 누구인지, 그리고 내가 이룬 일을 기억하라. 나는 너희를 자유롭게 했다"고 하십니다. 이어지는 모든 계명을 해석하는 열쇠가 되는 말씀입니다. 우리를 자유롭게 하신 하나님이시기에 우리가 다시 죄의 종노릇하려는 것을 절대 용납하지 않으실 것입니다.

많은 사람이 자신이 모르는 신비한 일보다 차라리 자신이 아는 비참한 일을 당하기로 선택하는 것을 볼 때 나는 목사로서 당혹스럽습니다. 논리적으로 보면 신비한 일이 비참한 일보다 더 낫습니다. 하지만 인간의 영혼에는, 당시 애굽을 등지고 자유를 향해 미지의 길을 나선 히브리인들의 성향, 곧 불안하고 힘들 때마다 어깨너머로 종노릇하던 애굽을 흘끔거렸던 바로 그 성향이 자리합니다. 하지만 율법은 그런 우리에게 부름을 받은 길로 계속 가도록 채근합니다.

다른 신을 섬기지 말라

당신이 좋아하지 않는 삶의 방식을 유지하기 위해서, 필요하기는 하지만 싫어하는 일에 갇혀 있다면, 그것은 하나님이 하신 것이 아닙니다. 사람들과 따분하고 미지근한 관계를 유지하면서 그것을 하나님 탓으로 돌리지 마십시오. 목적도 열망도 소망도 없는 삶을 살아가도록 당신을 옥죄는 여러 가지 일로 신음하는 것이 하나님의 뜻인 양 생각하지 마십시오. 하나님은 결코 사람을 그런 삶으로 부르시지 않습니다. 오히려 하나님이 아닌 다른 것을 신으로 섬기는 데서 나오는 필연적인 결과입니다. 그래서 제1계명은 우리에게 "나 외에 다른 신을 네게 두지 말라"고 합니다(출 20:3). 이 계명을 거스를 때마다 우리는 항상 다시 비참하게 애굽으로 내려가 종노릇하고 있는 자신을 발견합니다(제94문답). 하나님의 율법은 은혜의 방편입니다. 우리가 죄악에 매여 종노릇하고 있을 때 하나님께서 우리를 찾아오셨습니다. 그분께서 우리의 부르짖음을 들으시고 우리를 구해 내셨습니다. 이것이 바로 출애굽이고, 십계명이 말하는 바이며, 예수 그리스도의 사역에 관한 모든 것입니다. 이 모든 것이 바로 구속이라는 하나의 작품을 이루는 부분들입니다.

우리가 받는 세례가 이 사실을 회화적으로 잘 그려 냅니다. 세례는 우리도 그 바다를 건너 하나님과 함께 자유의 신비로운 여정을 시작했음을 기억하는 방편입니다. 우리 중에는 이스라엘의 어른들처럼 홍해를 걸어서 건넌 사람도 있고, 이스라엘의 갓난아기들처럼 부모의 품에 안겨 홍해를 건넌 사람도 있습니다. 그러나 어쨌든 자신을 그리스도인이라 부르는 사람은 누구나 지금 노예된 상태와 약속의 땅 사이의 어딘가를 지나가고 있습니다.

우상을 섬기지 말라

우리가 인생이라고 하는 광야를 지날 때 하나님께서 항상 선명하게 자신을 드러내시는 것은 아니기에, 우리는 겁을 먹고 위로를 얻기 위해 우상을 향해 돌아서기도 합니다. 우리는 우상을 섬기기를 좋아합니다. 금송아지와 같이(출 32장) 우리가 원하는 대로 언제든지 직접 만들어 낼 수 있기 때문입니다. 그리고 이 우상들은 우리에게 아무것도 요구하지 않으리라고 생각합니다. 하지만 그렇지 않습니다. 우상들은 저마다 우리가 받아 누리는 자유를 희생으로 바치고 다시 애굽으로 내려갈 것을 요구합니다. 이것이 두 번째 계명을 통해 하나님께서 자기 백성에게 우상을 금지하시는 이유입니다(출 20:4-6).

자유를 향해 난 길에서 우리는 약속의 땅에 이르는 지름길을 약속하고 우리를 기만하는 우상들을 버리는 것을 배웁니다. 하나님께 속한 백성은 다른 무엇을 사거나, 다른 도움을 바라거나, 다른 사람과 사랑에 빠지거나, 재물을 더 쌓을 필요가 없습니다. 물론 이런 것들이 그 자체로 나쁜 것은 아닙니다. 하지만 이런 것들을 통해 구원받을 수 있을 거라고 믿기 시작하는 순간부터 우리 영혼은 치명적인 영향을 받습니다. 그리고 바로 그때 이런 것들은 우상이 됩니다. 우상이 우리를 위해 할 수 있는 최선의 일은 기껏해야 우리가 종노릇을 잘하게 하는 것뿐입니다. 그러나 그 신비한 우리의 해방자는 선한 삶의 비전으로 우리를 이끄십니다.

성경이 말하는 것처럼, 하이델베르크 교리문답은 어떤 식으로든 참된 하나님을 형상화하려는 시도들에 대해 우려를 나타냅니다(제97문답). 하나님을 형상화하면 그것이 우상으로 전락하는 것은 시간문제입니다. 십자가, 성찬상, 스테인드글라스, 예배당의 집기들, 교회 건물 등과 같은 신앙적 상징물과 우상을 구분할 때 교회가 특별히 염두에 두어야 할 중요한 사실입니다.

신앙적 상징들은 하나님께 드리는 예배를 돕기 위한 것입니다. 이런 상징들은 하나님을 가리키는 데 목적이 있지만, 우상들은 그것 자체가 목적이 됩니다. 어떤 상징물이 우상이 되었는지 아닌지를 가늠하는 척도는 그것이 없이도 하나님을 예배하고 섬기는데 아무런 문제가 없는지를 자문하는 것입니다. 우리를 자유롭게 하는 것은 잘 단장된 예배당이 아니라 그 안에서 설교 되는 하나님의 말씀입니다(제98문답). 교리문답이 말하는 경고를 신중하게 받으십시오. 하나님의 말씀만이 우리를 구원합니다.

거룩한 분을 대면하는 삶

세 번째 계명은 "네 하나님 여호와의 이름을 망령되게 부르지 말라"는 것이고, 네 번째 계명은 "안식일을 기억하여 거룩하게 지키라"는 것입니다(출 20:7-8). 두 계명 모두 하나님을 예배하지 않으면 삶의 모든 것이 불경하게 될 뿐이지만, 하나님을 예배하면 삶의 모든 것이 거룩하게 된다는 의미입니다.

여호와의 이름을 망령되게 부르는 것은 무엇입니까? 하나님의 이름을 망령되게 부르는 것을 제3계명으로 금지하실 만큼 하나님께서 이것을 싫어하신다는 말입니까? 물론 그것도 틀린 말은 아닙니다. 하지만 여기에는 더 큰 의미가 있습니다. 하나님에 관한 모든 것은 지극히 거룩한 것이어서 우리의 일상에서 그것을 더럽히지 않으려면 아예 하나님의 이름을 입에 담지 않는 것이 낫다는 말입니다. 실제로 히브리인들이 우려했던 것이 바로 그것입니다. 그래서 그들은 하나님의 이름을 더럽힐까 봐 계시된 하나님의 이름인 **야훼**(*Yahweh*)를 입에 담지도 않았습니다. 그 대신 하나님을 가리킬 때는 **아도나이**(*Adonai*)라는 말을 사용했습니다. 기본적으로 이 말은 "그분의 이름을 말하지 못하지만 내가 누구를 이야기하는지 당신은 압니다"라는 의미로 이해할 수 있습니다.

일상에서 하나님의 이름을 사용하는 것이 정말 거룩하신 하나님을 모독하는 것입니까? 물론 그렇지 않습니다. 사실 오늘 우리의 문제는 하나님의 이름을 오용하는 것이기보다는 하나님의 이름을 아예 사용하지 않는 것입니다. 우리의 필요나 세상의 필요를 위해 진실하게 하나님의 이름을 부르지 않습니다. 물론 때로는 이런 필요를 가지고 기도하기도 합니다. 하나님께서 그런 필요를 채우실 수 있다고 믿기도 합니다. 하지만 그분이 정말 그렇게 하실지에 대해서는 의구심을 떨치지 못합니다. 하나님께서 그런 일까지 신경 쓰지는 않으신다고 생각합니다. 이것이야말로 하나님의 이름을 망령되게 부르는 경우입니다.

제1계명에 따르면 하나님의 이름은 또한 "너를……종 되었던 집에서 인도하여 낸……여호와"입니다. 인도하여 낸 하나님, 당신을 구원하신 하나님입니다. 히브리적 사고에서는 개인의 이름은 그 사람의 인격을 나타냅니다. 그래서 하나님의 이름을 망령되게 취급하는 것은 바로 그 이름의 주체이신 구원자 하나님의 성품을 무시하는 것입니다. 이와 같은 이유로 그리스도인들은 "예수님의 이름으로" 기도합니다. 이 이름을 부를 때마다 그리스도의 역사로 말미암아 우리가 구원받고 인도함을 받은 것을 선포하는 것입니다.

언제든 자신의 공로와 노력이 구원에 조금이라도 도움이 된다는 생각이 든다면, 곧 큰 위험이 닥친 것으로 알면 됩니다. 당신이 실패하면 당신의 구원도 사라지기 때문입니다. 하지만 최악의 경우는 자신이 잘하고 있다고 생각될 때입니다. 당신은 마치 신이라도 되는 것처럼 자신을 의지할 것이고, 항상 바쁘고 부지런하게 힘쓰면 모든 문제가 해결되는 것인 양 살아가다가, 결국 당신의 일생을 허비하고 말 것입니다.

당신 자신이 신이 되면, 삶은 신비로울 것도 경외로울 것도 없게 됩니다. 아무것도 당신을 놀라게 하거나 가슴 벅차게 하지 못합니다. 얼마나 편협하고 비극적인 삶의 방식인지 모릅니다. 영혼은 메마르게 되고 다시 애굽의 종노릇하는 데로 돌이키게 될 것입니다.

아이러니하게도, 여러 가지 일들로 분주한 것처럼 게으른 것도 없습니다. 하나님의 이름을 부르고 하나님이 친히 도우시도록 구하는 일은 열심히 하지 않기 때문입니다. 교리문답이 말하는 것처럼, 하나님의 이름을 불러 기도하는 것은 우리의 모든 말과 행실을 통해 하나님을 영화롭게 하는 것입니다(제99문답). 그리스도인은 열심히 일하면 안 된다는 말이 아닙니다. 우리가 할 일에 대해 하나님께 기도하지 않으면 마땅히 해야 할 만큼 일하지 않는다는 말입니다.

모든 일은 하나님과 관계가 있습니다. 이것이 바로 하나님의 성품이며, 하나님의 이름에 내포된 뜻입니다. 하나님이 우리의 일상을 통해 구원으로 역사하시는 것을 볼 수 있도록 기도하는 것은, 우리의 일정과 일상이 얼마나 하나님 앞에서 중요한지를 고백하고 또 중요해지기를 구하는 것입니다. 수업을 들어야 하고, 장사도 해야 하고, 보고서도 써야 하고, 청소도 해야 하고, 아이들도 돌보아야 하고, 비행기 시간에 늦지 말아야 하고, 가게에 오는 손님들이 만족할 수 있도록 잘해야 합니다. 하지만 그것이 우리 삶의 전부고 우리가 해야 할 일의 전부라면, 우리 삶은 불경하고 세속적인 것입니다. 그 와중에도 하나님 앞에 나아가기를 구한다면 우리의 모든 삶은 거룩한 이를 대면하는 기회가 될 것입니다.

안식일

그렇다면 우리는 어떻게 우리의 삶에서 하나님의 임재를 봅니까? 네 번째 계명이 이것에 대해 말합니다. "안식일을 기억하여 거룩하게 지키라."

한 주의 첫째 날에는 예배당에 가서 예배를 드리라는 말입니까? 사실 그렇습니다(제103문답 참고). 하지만 우리는 그건 아닐 것으로 생각합니다. 기억하십시오. 하나님이 주신 계명들은 우리를 자유로 이끄는 이정표입니다. 계명들을 주신 것은 비굴한 굴종을 위한 것이 아니라 자유와 구원을 주시기 위함입니다. 단순히 의무감으로 하나님을 예배한다면 핵심을 놓치는 것입니다. 예배는 해야만 하기에 하는 것이 아닙니다. 예배할 수 있게 되었기에 하는 것입니다. 예배는 하늘의 관점으로 현실을 바라볼 수 있게 하는 놀라운 기회입니다.

하나님께서는 안식일을 기억하여 거룩히 지키도록 우리를 부르십니다. 하나님께서도 이날에 안식하셨습니다. 엿새 동안 계속된 창조사역에 피곤하셔서가 아니라, 그 하신 일을 즐기시기 위함이었습니다. 그러고는 "좋았더라"고 하셨습니다. 이 말은 창조는 사역이 아닌 송영에서 정점에 이른다는 뜻입니다. 그것은 하나님의 창조사역도 마찬가지입니다. 그러므로 예배는 모든 일상 가운데 있는 영광스런 창조를 목격하는 좋은 기회입니다.

종종 "주일에 우리는 교회에 간다"고 말합니다. 하지만 썩 옳은 표현은 아닙니다. 한 주 내내 어디에서 일하건 그리스도인들이 곧 교회이기 때문입니다. 교리문답은 이렇게 말합니다. "일생에 걸쳐 날마다 악한 길에서 떠나고 성령으로 말미암아 주께서 내 안에서 일하시게 하여 이 세상에서부터 영원한 안식을 시작하는 것입니다"(제103문답).

하늘의 영원한 복을 우리가 있는 이 땅으로 가져다주시는 하나님께서 우리의 일 가운데 우리와 함께하시는 것을 보고자 예배로 모입니다. 안식일은 한 주 내내 고용주를 위해 분주하게 일하는 것을 멈추고 분주하게 밀린 집안일을 하는 휴일이 아닙니다. 월요일에 다시 일터로 돌아갈 수 있게 한숨 돌리라고 주어진 날도 아닙니다. 이것은 일을 삶의 정점으로 여기는 생각들입니다.

안식일은 문자적으로 해석하면 "쉬다", "멈추다", 심지어 "그만 둬라!"라는 뜻입니다. 예배는 우리의 분주함을 하나님께서 막아서시는 것입니다. 일이 너무 힘든 건 아닌지, 일을 제대로 해내고 있는지, 내가 한 일에 상사나 고객이 만족하는지, 급여가 충분한지, 자녀들을 제대로 키우고 있는지에 대해 우리는 염려와 불안에 사로잡힐 때가 얼마나 많습니까? 안식일에 우리는 하나님이 "모든 것을 멈춰라! 눈을 들어 네가 받아 누리는 복이 얼마나 놀라운지 봐라"고 하시는 말씀을 듣습니다.

처음부터 우리는 엿새 동안은 힘써 일하고 이레째 되는 날은 안식하는 일정한 리듬을 따라 살도록 지어졌습니다. 사람에서 동물, 심지어 들판의 흙에 이르기까지 모든 피조물에는 쉼이 필요합니다. 단지 다시 일할 기운을 회복하기 위해서가 아닙니다. 생명의 선함을 회복하기 위해서입니다. 하나님께서 정하신 이런 생명의 리듬을 거부하면 얼마 지나지 않아 우리는 일의 노예가 되어 있는 자신을 발견할 수밖에 없습니다. 하나님과 더불어 "좋았더라"고 하지 않고, 모든 것이 내가 원하는 만큼 충분히 좋은 것은 아니라고 말하기 시작할 때 이런 일이 일어납니다.

초대교회는 예배로 모이는 날을 한 주의 마지막 날에서 첫째 날로 바꾸었습니다. 매주 첫째 날 다 함께 모여 부활의 기쁨과 놀라움을 기념하고, 또 각자의 부활을 준비하고 연습하기를 원했던 것입니다. 매해 매주 우리는 전 세계에 흩어져 있는 그리스도인들과 더불어, 사망을 이기신 구주께서 우리에게도 새 생명을 가져다주실 수 있음을 확인하고 확증합니다. 사도 바울은 이렇게 말합니다. "너희 안에서 착한 일을 시작하신 이가 그리스도 예수의 날까지 이루실 줄을 우리는 확신하노라"(빌 1:6). 우리가 매주 준수하는 안식일이 잔치와 축제로 수놓아지는 것도 바로 이 때문입니다. 하나님은 선하십니다. 예배에서 우리는 이런 하나님에 대한 감사를 노래하고 기도하고 선포합니다. 그럴 때라야 우리 삶의 선함이 회복됩니다.

1964년 프랑스 철학자 장 바니에(Jean Vanier)는 지적장애인들을 위한 공동체를 세우고 "라르쉐"(L'Arche, 방주)라고 이름했습니다. 바니에는 안 그런 척 자신을 꾸미고 감추는 능력을 잃어버린 지적장애인들에게서 모든 인간에게 공통으로 드리운 근본적인 성향이 원색적으로 드러난다는 것을 알게 되었습니다. 일례로 그는 칭찬하고 찬양하는 사람이라야 건강하게 지낼 수 있다고 했습니다. 그래서 라르쉐 공동체 사람들이 하는 가장 중요한 일 가운데 하나가 축하입니다. 절기를 축하하고, 생일을 축하하고, 성취를 축하하고, 기념일을 축하하고, 축하할 수 있는 모든 것을 축하합니다. 만약 축하하는 일 없이 한 주가 지나갈라치면 축하할 일을 만들어서라도 축하합니다. 왜 그렇습니까? 고통이 최후의 승리자가 아니라는 선언입니다.

우리는 예배를 통해 우리가 누리는 삶 가운데 넘쳐나는 하나님의 선하심을 송축하고 즐거워하기로 선택하고 또 그렇게 합니다.

생명을 존중함

이제 교리문답은 "네 부모를 공경하라"는 제5계명과(제104문답), "살인하지 말라"는 제6계명으로 나아갑니다(제105문답). 두 계명 모두 생명을 존중할 것을 명령합니다. 부모를 통해 물려받고 조성된 우리 자신의 생명과 이웃의 생명을 존중하라는 것입니다.

오늘 우리는 역기능 가정이라는 말을 흔하게 듣습니다. 그리고 많은 사람이 부모에 대한 분노를 직면하게 하는 치료를 위한 긴 여정에 참여합니다. 하지만 제5계명은 우리의 부모를 공경하라고 단도직입적으로 명령합니다. 존경받을 만하게 자녀를 잘 양육한 부모에게만 해당하는 명령이라고 해석한다면, 어려울 것이 하나

도 없는 계명입니다. 물론 좋은 부모도 자녀에게 실수하지만, 그
들은 많은 희생과 자기부인으로 자녀들을 향한 사랑을 보여 주었
습니다. 그러나 이 계명을 그렇게만 해석하는 것은 문제가 많습니
다. 부모를 공경하라는 것은 부모가 어떠하든 전혀 상관이 없는
명령이기 때문입니다. 자녀를 잘 양육한 부모만 공경하라고 하지
않습니다. 그냥 부모를 공경하라고 합니다. 세상에 있는 모든 아
버지와 어머니가 자녀의 공경을 받아야 한다는 것입니다. 그렇게
할 때 하나님께서 주시는 땅에서 우리의 생명의 날들이 길 것입
니다.

제5계명은 약속 있는 첫 계명입니다. 하나님이 주신 땅에서 누
리는 긴 생명을 약속합니다. 이 계명을 처음 받은 사람들이 누구
인지 기억하십시오. 애굽을 뒤로하고 약속의 땅을 향해 길을 나
선 자들, 옛 땅과 새 땅 간의 여정에 있는 자들이었습니다. 제5계
명이라는 이정표를 통해 우리는 새 거처를 향해 한 걸음 더 내딛
습니다. 하지만 조심하십시오. 우리가 난 자리를 기억하고 우리를
낳은 부모를 공경하지 않으면 우리가 향해 가는 새 거처에 이르
지 못할 것이라고 경고합니다.

이 계명이 말하는 바는 분명합니다. 부모와 함께 살면서 무조
건 부모의 생각을 따르고 중요하게 여기라는 말이 아닙니다. 사
실, 부모를 사랑하라는 명령도 아닙니다. 부모를 공경하라는 명령
입니다.

누구를 공경한다는 말은 그 사람에게 합당한 존경을 돌려드리

고, 그 가치를 제대로 인정하는 것입니다. 부모를 공경한다는 것은, 좋든 싫든 부모를 통해 생명과 양육을 받았다는 것을 깨닫고 인정하는 것입니다.

우리의 이름과 정체성 역시 부모를 통해 받았습니다. 부모는 우리를 양육하고 우리의 필요를 제공합니다. 옳고 그름을 가르쳐 줍니다. 우리가 자라는 정원의 울타리가 됩니다. 부모를 통해 생명이 형성되고 세상이 창조되는 것입니다. 부모로서 이런 역할에 탁월한 부모가 있는가 하면 그렇지 못한 부모도 있습니다. 하지만 어쨌든 우리 삶에서 부모의 영향을 인정하고 존중하지 않으면, 우리는 결코 자유롭게 자신의 장래를 마주하지 못합니다. 교리문답은 부모의 허물에 대해 인내할 것을 가르칩니다. 그러지 않으면 우리를 다시 종노릇하게 하는 죄악 된 반응들로 우리의 남은 일생을 채우게 될 것이라고 경고합니다.

과거를 인정하고 존중한다는 것은 그것을 묵과한다는 말이 아닙니다. 사실을 있는 그대로 받아들이고 하나님께서 그런 과거를 통해 우리를 형성하신 것을 깨달으라는 말입니다. 기쁨만이 아니라 고통 역시 우리를 형성합니다. 이 두 가지 모두 우리의 인생 여정을 수놓는 경험으로 인정하고 존중해야 합니다. 우리가 기억하는 부모의 허물들을 통해 앞으로 우리가 맺게 될 관계에서 여러 허물을 받아들이도록 준비될 것입니다. 부모가 자신을 잘 양육했다고 믿는 사람은 그런 부모를 통해 배운 대로 다른 사람에게 사랑을 베풀며 사는 것이야말로 부모에 대한 감사를 가장 영예롭게 표현하는 길일 것입니다.

　매주 우리 교회의 주보에는 누가 무슨 이유로 그 주일에 예배당 꽃꽂이를 했는지가 간략하게 소개됩니다. 대개는 부모를 기리며 하는 경우가 많습니다. 주보에 기록되는 것은 "아무개를 기리며"라는 말이 전부이지만, 그 짧은 행간에는 한 편의 드라마가 고스란히 녹아 있는 경우가 대부분입니다. 십 대 때 아버지를 여읜 한 남성이 우리 교회에 있었습니다. 아버지를 떠나보낸 후 수년 동안 이 아들은 아버지를 원망하며 지냈습니다. 그를 사로잡고 있던 이런 분노는 이내 그가 맺는 다른 관계에까지 영향을 주었습니다. 누구를 믿고 의지하는 것을 두려워했습니다. 성인이 된 후에도, 이 남성이 가진 자기 이해는 여전히 버림받은 십 대 소년으로 남아 있었습니다. 그때까지도 계속해서 돌아오지 않을 아버지를 찾고 있었던 것입니다. 이런 과거로부터의 옳지 않은 영향을 해결하기 위해 많은 시간을 상담으로 보내야 했습니다. 그러던 어느 주일, 예배당 꽃꽂이를 통해 그가 마침내 불행한 과거의 유산을 떨쳐 버린 것을 알게 되었습니다. 그날 주보에 "내 아버지를 기리며"라는 짧은 문구가 그의 이름으로 적혀 있었던 것입니다. 그 문구를 읽자마자 그가 마침내 아버지를 용서한 것을 알았습니다. 그토록 받아들이지 못했던 자신의 과거를 끌어안았고, 이제 자유롭게 장래를 향해 나아갈 수 있게 된 것입니다.

　부모를 공경한다는 것은 부모의 모습을 과장하거나 미화하지 않는 것을 의미합니다. 부모는 마귀도 아니지만 그렇다고 신도 아님니다. 만약 우리가 부모를 유한한 인간으로서 받아들이지 않는다면, 우리는 계속해서 부모의 영향을 벗어나지 못할 뿐 아니라, 그릇된 자기 이해를 갖게 될 것입니다. 그러므로 우리가 자유로운 성인으로 살아가기 위해서는 부모의 인간 됨을 그대로 받고 공경해야 합니다. 창세기에 따르면 부모를 떠나 다른 사람과 한몸이 될 때가 옵니다(창 2:24). 하나님의 창조 질서입니다. 감사와 더불어 부모를 떠나는 사람들이 있는가 하면, 용서와 더불어 부모를 떠나야 할 사람도 있습니다. 하지만 어쨌든 부모를 떠나야 할 때가 옵니다. 그리고 그렇게 우리가 어떤 사람인지 아시는 하늘 아버지께로 돌이켜야 합니다.

하나님으로부터 생명을 받았음을 아는 사람들은, 그 생명의 통로가 된 부모를 공경하는 것은 물론, 모든 생명을 신성한 것으로 존중합니다. 모든 생명은 하나님이 주신 것이기 때문입니다. 그리고 이런 사실은 자연스럽게 우리에게 살인을 금지하는 제6계명으로 인도합니다. 인간의 생명을 취하는 것은 궁극적으로는 생명의 창조주에 대한 반역입니다. 오직 하나님께만 있는 생사에 대한 주권을 임의로 주장하는 것이 바로 살인이기 때문입니다.

우리는 흔히 이 계명을 소극적으로 적용해서, 살인한 적이 없으면 이와 무관하다고 생각합니다. 하지만 산상수훈을 통해 예수님께서는 이런 생각에 도전하십니다. "옛 사람에게 말한 바 살인하지 말라. 누구든지 살인하면 심판을 받게 되리라 하였다는 것을 너희가 들었으나 나는 너희에게 이르노니 형제에게 노하는 자마다 심판을 받게 되고"(마 5:21-22). 예수님의 말씀에 따르면 의는 무엇을 하지 않았느냐 하는 것이 아니라 무엇을 했느냐, 심지어 무엇을 생각하고 느꼈느냐 하는 것과 관련이 있습니다.

지금 예수님께서 전에 없던 새 율법을 주시는 것이 아닙니다. 모세 율법의 정신을 다시 상기시킬 뿐입니다(마 5:17-19 참고). 제 6계명은 네가 미워하는 사람을 죽이지 않는 한 괜찮다는 말이 아닙니다. 우리가 멸시하는 바로 그 사람을 하나님이 지으셨습니다. 그러므로 우리 안에 일어나는 분노를 그대로 두어서는 안 됩니다. 험담이나 뒷말 혹은 인간 생명에 새겨진 거룩한 형상을 헤치는 해로운 행위들로 그 모습을 드러내기 때문입니다(제105문답).

그리스도인이 할 수 있는 그리스도의 구속에 가장 부합한 일들 가운데 하나는 사람들에게 깃든 하나님의 형상을 소중히 여기는 것입니다. 갓난아기를 안고 웃는 모습을 한 번 보겠다고 온갖 재롱을 부려본 적이 있습니까? 사람이 많이 모인 곳에서 배우자의 눈길을 찾아 웃는 얼굴로 윙크를 날려본 적이 있습니까? 나이 지긋한 이의 주름 가득한 손을 꼭 쥐고 그가 들려주는 오래된 이야기를 들어본 적이 있습니까? 친구와 이야기하느라 시간 가는 줄 모르다가 식당이 문 닫을 때가 된 것을 알고서야 자리에서 일어난 적이 있습니까? 이제 막 세상을 떠난 이에 대한 그리움에 사무쳐 장례식에서 엉엉 울어본 적이 있습니까? 비극적인 사건을 다룬 신문 기사를 읽다가 도저히 계속 읽을 수가 없어서 신문을 내려놓은 적이 있습니까? 기근으로 앙상해진 아이들의 사진을 차마

볼 수 없어서 그 자리에서 하나님 앞에 무릎을 꿇어 본 적이 있습니까? 그래 본 적이 없는 사람이라면 하나님이 지으신 생명을 존중하는 마음이 희박할 가능성이 큽니다. 그리고 만약 그것이 사실이라면, 당신은 이미 죽은 자일 수 있습니다.

하나님이 정하신 경계를 소중히 여김

"간음하지 말라"는 제7계명과 "도둑질하지 말라"는 제8계명을 통해 우리는 하나님이 정하신 경계와 한계 안에서 누리는 자유라야 참 자유라는 이율배반적인 놀라운 사실을 발견합니다(제108-111문답). "너는……하지 말라"는 금지 명령에는 어떤 합리화나 모호함도 들어설 여지가 없습니다. 누군가 말한 것처럼 모세가 시내 산에서 들고 내려온 것은 열 개의 기막힌 제안이 아니었습니다. 열 개의 계명이었기 때문입니다. 모세가 하나님의 손가락으로 새긴 십계명을 받아들고 시내 산에서 내려온 것은 아주 오래전의 일이지만, 이 절대적인 명령은 여전히 우리 가운데 역사하고 있습니다. 그동안 얼마나 많은 제국이 흥망성쇠를 거듭했습니까? 얼마나 많은 세대가 지나갔습니까? 얼마나 많은 경계가 세워지고 무너지기를 반복했습니까? 하지만 이 계명의 절대적 진리는 조금도 변함이 없습니다. 이미 우리 마음에 새겨져 있기 때문입니다.

생각을 바로 하는 사람이라면 누구나 간음과 도둑질을 잘못이라고 생각합니다. 그런데도 이 계명들을 쉽게 거스르는 사람이라면 16세기 교리문답과 관련된 책들을 읽어보지 않았을 가능성이 큽니다. 하지만 잘못인 것을 뻔히 알면서도 생각보다 이 계명들을 더 자주 거스르는 것이 우리입니다.

실제로 간음을 하지 않았더라도 속에 누군가에 대한 음욕을 품은 사람은 똑같이 간음한 것이라고 예수님께서는 말씀합니다(마 5:27-28). 거의 우리 모두에게 해당하는 말씀입니다. 예수님의 주된 관심은 항상 모든 악이 비롯되는 마음에 있었습니다(마 15:19). 그래서 교리문답은 간음을 금지하는 이 계명이 "모든 부정한 행동, 표정, 말, 생각, 욕구를 금지하시고 사람을 이것으로 유혹하는 모든 것을 금지하신다"고 합니다(제109문답). 그렇다면 이 죄책 아래 있지 않은 사람이 누구란 말입니까?

도둑질은 안 했다고 안심하는 사람은, 여기서 말하는 도둑질이 다른 사람의 집에 침입해서 텔레비전을 들고나오는 것만을 말하지 않는다는 사실을 알아야 합니다. 우리가 자녀들과 함께 보내야 할 시간을 임의로 자기 일에 사용하는 것은 도둑질이 아닙니까? 반대로 고용주를 위해 힘써야 할 시간을 임의로 자녀를 위해 사용하는 것은 도둑질이 아닙니까? 타인의 평판과 명예를 험담과 뒷말로 가로채는 것은 어떻습니까? 하나님께 속한 돈으로 자신의 생계를 위해 사용하는 것은 또 어떻습니까?

교리문답은 "이웃의 유익을 위해 내가 할 수 있는 것을 다하라"고 함으로써 제8계명을 보다 적극적으로 강조합니다(제111문답). 이 또한 예수님께서 하신 말씀처럼 들립니다. 얼마나 더 자주 우리는 "내 이웃을 위해 내가 할 수 있는 것은 다했다"라고 말할 수 있겠습니까? 예수님께서는 우리 중 누구도 율법으로 말미암은 의를 주장할 수 없다는 사실을 우리가 깨닫기를 바라십니다. 예수님에 따르면 우리는 모두 율법의 계명을 하나도 지키는 것이 없습니다.

긍휼과 정죄

우리 중에는 십계명을 가지고 간음한 사람과 도둑질한 사람을 정죄하는 사람들이 있습니다. 이런 사람들이 원하는 것이라고는 그저 십계명을 가지고 유죄를 분명하게 입증하는 것뿐입니다. 반면에 또 어떤 사람은 이런 계명에 수치를 느끼고 자신만이 아는 죄악으로 움츠러듭니다. "내 죄가 항상 내 앞에 있나이다"라고 고백한 다윗의 말에 백번 공감하는 사람들입니다(시 51:3). 다윗의 이 고백을 아는 사람들은 예수님께서 간음하다 붙잡힌 여인에게 보여 주신 긍휼을 얻기를 바랍니다(요 8:1-11).

복음은 항상 긍휼과 정죄와 함께 다닙니다. 예수님께서는 그 여인에게 "나도 너를 정죄하지 아니하노라"고 하시며 **긍휼**을 보여 주셨습니다. 하지만 그것으로 다가 아니라, "가서 다시는 죄를 범하지 말라"고 하셨습니다. **정죄**입니다. 긍휼과 정죄 둘 중 어느 하나에만 집착하는 것은 반쪽복음입니다.

불행하게도 작금의 기독교가 처한 영적인 지형도를 보면 복음을 반쪽만 전하는 교회들이 도처에 널렸습니다. 사실 반쪽짜리 복음은 복음이 아닙니다. 그저 긍휼만 강조하는 교회가 있습니다.

그러기는 참 쉬운 일입니다. 이런 교회들은 말합니다. "당신이 무엇을 믿든 진실하기만 하면 됩니다." 반면에 십계명이나 그에 대한 예수님의 가르침은 쏙 빼놓습니다.

복음이 말하는 긍휼은 빼버리고 율법의 정죄만을 가르치는 교회도 있습니다. 이 또한 쉬운 일입니다. 이런 회중 가운데는 다른 사람을 정죄함으로 자신을 정당화하고 더 나은 사람으로 여깁니다. 그러면서 "저 죄인들을 좀 보십시오"라고 말합니다. 하지만 이런 교회는 하나님의 은혜를 선포하는 많은 성경 본문들을 누락시킵니다. 그리스도 안에서 생명을 얻는 교회가 된다는 것은, 곧 율법의 정죄와 긍휼을 함께 붙잡는, 보다 어려운 도전에 직면하는 것을 뜻합니다.

진리 추구

십계명은 하나님과 우리의 관계로 시작해서 이웃과의 관계로 나아가도록 합니다. 제9계명은 우리에게 진리를 말하라고 합니다. 그리고 제10계명은 탐심을 금합니다(제112-113문답 참고, 출 20:16-17). 영적인 윤리는 항상 이런 방식으로 역사합니다. 우리의 이웃을 기꺼이 존중할 수 있는 자유를 통해 하나님과 우리의 관계가 드러납니다.

성경에서 가장 흥미로운 사람들 가운데 하나는 빌라도입니다. 로마의 관료정치에서 꽤 중요한 자리에 오를 만큼 빌라도는 수완이 있는 자였습니다. 예수님을 대면하는 순간에 이르기까지 빌라도는 시대와 타협하고 조직과 타협하고 자신과 타협하느라 진리에 대한 인식을 잃어버렸습니다. 빌라도의 법정에서 재판을 받으시며 예수님께서는 세상에 진리를 증언하러 왔다고 밝히셨습니다(요 18:37). 그러자 빌라도는 "진리가 무엇이냐"고 응대했습니다(38절). 이 성공한 고위 관료에게 진리는 그 옛날의 아득한 기억에 불과했습니다.

빌라도는 진리 대신 편리함에 대해 너무나 잘 알고 있었습니다. 이 편리함이 그를 여기 이 자리까지 이르게 했고, 이 편리함은 예수님을 풀어줘 봤자 그의 경력에 아무 도움도 되지 않는다는 것을 알려 주었습니다.

빌라도는 이데올로기도 잘 알고 있었습니다. 로마는 **팍스 로마나**(*Pax Romana*, 로마에 의한 평화)라는 이데올로기로 정치적 입지를 보호했습니다. 유대 열심당원들이 혁명이라는 이데올로기로 그 입장을 수호했던 것처럼 말입니다. 이런 이데올로기들은 끊임없는 갈등을 불러 왔습니다. 빌라도는 어떤 부당함이나 남용도 이데올로기를 통해 설명하지 못할 것이 없다고 생각했습니다. 하지만 진리는 어디 있습니까? 진리가 무엇입니까?

오늘날 우리가 던져야 할 질문이 있다면 바로 이것입니다. 우리 역시 이런 편리함을 잘 압니다. 빌라도와 마찬가지로 우리도 자신이 원하는 자리를 얻기 위해 무엇이 필요한지 잘 알고 있습니다. 우리가 하는 선택이 참된 것인지는 생각하지 않습니다. 심지어 그것이 무엇을 의미하는지도 모릅니다. 유일한 관심은 이런 선택이 성공할 것이냐 하는 것입니다. 공화당 대 민주당, 경영자 대 노동자, 다수 대 소수 등 수많은 이데올로기가 서로 반목하고 경쟁하는 것이 우리 사회입니다. 하지만 "진리는 어디 있습니까?" "진리가 무엇입니까?"

이 질문을 던지고 있는 와중에 빌라도는 바로 그 진리를 대면하고 있었습니다. 교회는 예수님이 길이요, 진리요, 생명이신 것을 믿습니다(요 14:6). 이것은 종교법이나 도덕주의가 말하는 진리가 아닙니다. 이런 형태의 진리는 또 다른 형태의 이데올로기로 변할 뿐입니다. 여기서 말하는 진리는 인격으로서의 진리입니다. 예수 그리스도가 진리입니다. 그분은 하나님의 계시이기 때문입니다. 예수님께서는 은혜로 말미암은 하나님과의 교제로 우리를 회복하기 위해 오신 "우리와 함께하시는 하나님"입니다. 이는 우리가 아는 가장 심오한 진리요, 그리스도인들과 교회와 세상을 아우르는 중심 진리입니다. 다른 모든 것은 하나님이 우리와 함께하신다는 은혜와의 관계에서 진리로 자리매김합니다.

예수님께서는 이 진리가 우리를 분리하기만 하는 이데올로기적인 헌신이나 우리의 구원을 위한 방편과는 아무런 상관이 없다고 선언하셨습니다. 그러나 이 진리는 우리가 이웃에 대해 증언하는 것과 관련이 있습니다. 교리문답이 가르치는 것처럼, 이웃에 대해서 거짓말을 하지 않는 것만이 아니라 "내 이웃의 명예를 보호하고 증진하는"(제112문답) 것이 바로 나의 책임입니다. 우리 중 누구도 이웃에 대해서 우리가 마땅히 해야 할 만큼 하지 못하고 있습니다.

제9계명과 관련하여 우리가 직면한 어려움은 이웃에 대한 이해를 상실했다는 것입니다. 우리는 이웃을 옆집에 사는 마음씨 좋은 사람 정도로 생각합니다. 하지만 성경은 긍휼과 도움이 필요한 모든 사람이 우리의 이웃이라고 합니다.

예수님께서 말씀하신 선한 사마리아인의 비유(눅 10:29-37)를 기억합니까? "내가 무엇을 하여야 영생을 얻으리이까?"(25절)라는 한 율법사의 질문에 예수님께서 하신 말씀입니다. 랍비들이 그랬던 것처럼, 예수님께서는 이 질문에 "율법에 무엇이라 기록되었느냐?"(26절)고 응수하셨고, 율법사는 "네 마음을 다하며 목숨을 다하며 힘을 다하며 뜻을 다하여 주 너의 하나님을 사랑하고 또한 네 이웃을 네 자신 같이 사랑하라 하였나이다"(27절)라고 대답했습니다. 마침내 예수님께서는 "네 대답이 옳도다. 이를 행하라. 그러면 살리라"(28절)고 하셨습니다. 하지만 율법사는 거기서 그치지 않고 자기를 옳게 보일 요량으로 "그러면 내 이웃이 누구니이까?"(29절)라고 물었습니다. 이 질문에 예수님께서 하신 말씀이 바로 선한 사마리아인의 비유입니다. 한 사람이 길을 가다가 강도를 만납니다. 강도들은 이 사람을 거의 죽을 지경으로 두들겨 패 놓고는 그대로 버려두고 갑니다. 그 길을 지나던 제사장은 그를 보고 그냥 지나갑니다. 레위인도 강도 만난 사람을 보고 그 끔찍한 모습을 외면하며 지나갑니다. 하지만 이방인과 죄인으로 멸시받던 한 사마리아 사람이 그를 보살펴 줍니다. 그 순간 예수님께서 물으십니다. "누가 강도 만난 자의 이웃이 되겠느냐?"(36절).

예수님은 율법사의 질문을 그저 되돌려 묻는 방식으로 대답하신 것입니다. 정말 문제는 "누가 내 이웃인가?"가 아니라, "도움이 필요한 사람을 돌아보는 자가 누구인가?" 하는 것입니다. 하나님 나라에서 이웃은 그저 유유상종으로 이루어지는 것이 아닙니다. 우리가 긍휼을 베풀 때라야 이웃의 관계가 이루어지고 이웃이 되는 것입니다.

하나님의 공동체는 소유와 인종과 색깔과 성향 등 가능한 모든 이유로 서로 반목하고 분리하는 사회와 대비되는 사회로 우뚝 섭니다. 사람들이 서로를 구분하는 기준들은 결코 우리를 서로 이웃이 되게 하지 못합니다. 하나님 나라의 이웃은 오직 한 부류의 사람들, 즉 도움이 필요한 사람들입니다.

병원 응급실에 갈 일이 있을 때마다 나는 고통에 신음하며 실려 온 환자가 의사를 보고 "당신은 공화당이요? 아니면 민주당이요?"라고 묻는 것을 한 번도 본 적이 없습니다. 고통에 신음하며 의사의 도움을 절실히 필요로 하면서 의사의 정치색이나 인종이나 종교를 따지지는 않습니다. 누가 되었든 빨리 나를 고통에서 벗어나게 해주기만을 바랄 뿐입니다. 분명한 사실은 우리는 모두 고통 가운데 살아가고 누구나 예수 그리스도 안에서 받게 되는 구원의 은혜가 필요하다는 것입니다. 스스로 그리스도인이라 부른다는 것은 곧 은혜를 주시는 그리스도의 사역에 참여했고, 또 예수님의 은혜를 전하는 사역에 참여했다는 의미입니다.

그러므로 불편하고 부담되기 때문에, 혹은 나의 도덕적, 정치적 성향과 다르기에 도움을 주지 않고 긍휼을 베풀지 않는 것은 하나님 나라의 이웃을 구분 짓는 일이며, 하나님 나라의 이웃이 아닌 사람으로 소외시키는 것입니다. 이것이 다름 아닌 우리 이웃에 대해 잘못 증언하는 것입니다.

제자들을 보내시면서 예수님께서는 그들을 예루살렘과 유다와 사마리아와 땅끝까지 참된 증인이 되라고 하셨습니다(행 1:8). 온 세상 사람에게 그들을 구원하기 위해 십자가에서 두 팔을 벌리신 그리스도를 증언하는 것이야말로 거짓증거에 대항하는 참 증거입니다.

하나님께서 우리에게 은혜를 주신다고 하는 것은 우리가 원하는 것을 하나님께서 주신다는 말이 아닙니다. 우리에게 필요한 것을 하나님께서 주시는 것이 은혜입니다. 우리에게 정말 필요한 것은 우리가 원하는 것에서 자유로워지는 것일 때가 많습니다. 이런 사실은 우리를 "네 이웃의 소유를 탐내지 말라"는 제10계명으로 인도합니다.

하이델베르크 교리문답은 "네 이웃의 집을 탐내지 말라"는 이 계명을 이상하게 해석하는 것처럼 보입니다. 신형 아우디나 도시 근교의 잘 꾸며진 집을 부러워하는 것을 말하는 것이 아니라, "하나님의 계명 중 어느 것 하나에도 어긋나는 생각이나 욕구"에 대해서 말하기 때문입니다(제113문답). 넓게 보자면, 이 교리문답은 궁극적으로 하나님과 상관없이 살고 하나님의 계명과 상관없이 살았으면 하는 우리 안의 탐심을 경고합니다.

일정한 한계 안에서라야 참된 자유를 누릴 수 있다는 사실은 우리 삶의 위대한 아이러니가 아닐 수 없습니다. 이 계명이 의미하는 바가 이것입니다. 하나님이 주신 계명의 울타리 안에서 사는 것이야말로 참 자유입니다. 우리가 바란다는 이유로 그 계명의 울타리를 벗어나서는 안 됩니다. 에덴동산만큼이나 오래전부터 면면히 이어오는 교훈입니다.

아담과 하와와 마찬가지로 우리는 모두 하나님께서 선하다 하신 동산에 살고 있습니다. 이 동산에는 항상 우리가 마음대로 취할 수 있는 과실들이 많이 있고, 여기서 우리는 많은 복을 누리고 삽니다. 하지만 그 안에는 항상 금지된 것이 있고, 우리 역시 그것을 볼 수 있습니다. 우리의 삶에도 가지지 못하는 한 가지가 있고, 우리는 날마다 그것에 대해 생각합니다. 하지만 우리가 가질 수 있는 것이 아닙니다. 불행하게도 우리는 바로 이것을 우리가 가장 원하는 것으로 만들어 버립니다. 동산의 다른 것들은 이제 눈에 들어오지도 않습니다. 그러나 하나님이 금지하신 이 실과를 손에 넣는 순간, 우리는 동산 자체를 상실해 버립니다. 그제야 우리가 잃어버린 동산이 다름 아닌 낙원이었다는 사실을 깨닫습니다.

우리가 삶에 변화를 가져올 수 없다는 말이 아닙니다. 세상의 모든 것을 우리가 다 가질 수 있다고 여기지 말라는 뜻입니다. 더 나아가 이제 무엇을 가져야겠다는 생각을 그치고 받는 것에 대해 생각해야 한다는 것입니다. "탐내지 말라"는 명령은 "하나님이 네게 주시는 것을 기뻐하라"는 명령으로 바꾸어 말할 수 있습니다.

우리가 당하는 미혹의 이면에는 항상 계명이 정하고 있는 울타리를 벗어나려고 하는 무언가가 있습니다. 바로 행복을 향한 추구입니다. 행복을 우리가 받아 누리는 무엇이 아니라 우리가 추구하는 것에서 오는 무엇이라고 생각한다면, 우리는 지금 누리고 있는 행복에 대해서는 소경이 되고 우리가 갖고자 하는 것에 사로잡히게 됩니다. 이런 모습에 대해 그저 자신은 사랑에 목말랐을 뿐이고, 남이 자신보다 더 가진 것에 대해 화가 났을 뿐이라고 말합니다. 그러고는 좋아 보이는 열매가 있으면 냉큼 취해 버립니다. 하지만 그것이 친밀함이든, 사물이든, 시간이든 간에, 다른 사람들로부터 취하는 것이라면, 우리는 결코 행복을 얻지 못합니다. 무엇을 가지면 행복해질 것으로 생각하고 그것을 추구하기 시작하면, 그런 추구로 인해 당신의 모든 삶은 소진되고 말 것입니다. 당신이 그렇게 바라고 추구하는 사람이나 사물은 행복을 헛되이 약속하는 우상이 될 것입니다. 그리고 스스로 자신의 영혼을 하나님으로부터 도둑질해서 다시 종노릇하게 하고 있음을 발견할 것입니다. 그러기에 이것은 단순히 다른 사람이 원하는 것을 당신이 갖느냐 마느냐의 문제가 아닙니다. 정말 중요한 것은 "그것을 가짐으로 당신의 영혼이 어떻게 될 것인가?" 하는 것입니다.

사람들은 저마다 탐내고 부러워하는 것이 다릅니다. 이웃의 집이나 자동차나 자녀들을 부러워하는 사람이 있는가 하면, 이웃이 성취한 것을 부러워하는 사람이 있습니다. 다른 사람이 누리는 것처럼 보이는 놀라운 관계를 부러워하기도 합니다. 일반적으로 우리 모두에게는 우리의 이웃이 누리는 것처럼 보이는 삶을 위해 우리도 무엇을 취하려고 하는 성향이 있습니다. 이런 성향만큼 우리를 종노릇하게 하는 것도 없습니다.

다른 사람을 기준으로 자신의 삶을 평가하는 것이야말로 자신의 삶을 상실하는 지름길입니다. 다른 사람이 항상 더 낫게 보일 것이기 때문에 자신은 항상 부족할 수밖에 없습니다. 그러나 진리를 추구하는 사람들은 항상 이런 옹색한 삶에서 자유롭습니다. 더는 다른 사람이나 그가 가진 것에 주목하지 않습니다. 그 대신 위를 주목합니다. 우리는 모두 도움과 진리가 필요한 사람들이라는 하나님의 진리를 받아들입니다. 우리가 부러워하고 질시하는 사람들 역시 우리와 마찬가지로 긍휼이 필요한 자들입니다.

"진리를 알지니 진리가 너희를 자유롭게 하리라"(요 8:32). 하나님의 위대한 진리는 이웃의 소유나 판단으로부터 우리를 자유롭게 합니다. 그리고 마침내 이웃을 사랑할 만큼 자유롭게 합니다. 이것이 바로 모두가 자유롭게 살아가는 약속의 땅, 곧 하나님 나라의 이웃들 안에서 살아가는 유일한 길입니다.

6장. 우리에게 기도를 가르쳐 주소서

[제116-129문답]

자신의 차에 앉아 있는 마흔 살의 남성이 있습니다. 방금 의사를 만나고 나오는 길입니다. 의사가 한 말을 어떻게 받아들여야 할지 몰라 합니다. 의사도 진단 결과를 어떻게 말해야 할지 난감하기는 마찬가지였습니다. 하지만 아무리 조심해서 말한들 자신이 췌장암 말기라는 진단에 놀라지 않을 환자는 없습니다. 여태껏 죽을 거라는 생각을 한 번도 해보지 않았다는 사실이 새삼 놀랍기만 합니다. 아내와 아이들에게 어떻게 이 사실을 알려야 할지 엄두가 나질 않습니다. 수년 동안 하나님께 예배를 드리면서 묻어 두었던 기도의 욕구가 갑자기 마음 깊은 곳에서 꿈틀대는 것 같습니다. 하지만 이런 문제를 가지고 어떻게 하나님께 나아가야 할지, 무엇을 기도해야 할지 모르겠습니다. 좀 더 정확히 말하자면, 과연 기도하는 것이 이런 상황에 무슨 도움이 될까 하는 생각마저 듭니다. 하지만 그는 압니다. 지금이 바로 기도해야 할 때라는 것을 말입니다.

운전대를 움켜잡습니다. 눈물이 뺨을 타고 흘러내립니다. 머리를 숙이고 기도를 시작합니다. "하나님……." 하지만 그가 할 수 있는 것이라고는 하나님의 이름을 부르는 것이 전부입니다.

왜 기도하는가?

역사가들이 말하는 것처럼, 세상은 항상 종말을 향해 치닫고 있습니다. 항상 그랬던 대로 아무리 오래될 것처럼 보여도 모든 일은 변하고 끝이 있기 마련입니다. 대단히 찬란했던 문명이나 제국도 다 끝을 맞이하고 역사 속으로 사라졌습니다. 우리 개인의 인생도 마찬가지입니다. 그리스도인들은 상실과 고난이 곧 우리가 알아온 것보다 더 풍성한 삶과 생명력을 발견하는 통로라는 것을 믿습니다. 그래서 우리는 기도합니다. 피할 수 없는 죽음을 조금이라도 늦추어 보려고 기도하는 것이 아닙니다. 우리가 기도하는 데는 이보다 훨씬 더 중요한 이유가 있습니다. 사나 죽으나 우리의 생명이 소망으로 가득한 장래를 약속하시는 하나님께 속한 것을 알기 위해 기도합니다.

하이델베르크 교리문답의 마지막 부분은 기도를 다룹니다. 대부분의 고백서나 설교가 선교에 대한 부르심으로 마치는 것과 비교해 볼 때, 이 기독교 신앙 문서가 갖는 이런 구조는 생소하고 놀랍지 않을 수 없습니다. 알든 모르든, 우리가 드리는 기도는 진실로 감사에 관한 것입니다. 분명히 우리의 생명을 포함해서 우리가 얻고 상실하는 모든 것은 우리를 기도로 이끕니다. 기도야말로 우리는 이제 우리 자신의 것이 아니라는 사실을 궁극적으로 천명하는 것이기 때문입니다. "나는 내 것이 아니고 사나 죽으나 몸과 영혼이 나의 신실하신 구주 예수 그리스도의 것"이며 이것이 바로 우리의 유일한 위로입니다(제1문답). 그러므로 이 교리문답은 처음 시작했던 바로 그 자리에서 끝을 맺고 있습니다. 위로로 시작해서 위로로 끝을 맺는다는 말입니다. 하지만 이 마지막 위로의 초점은 감사에 있습니다.

앞장에서 우리는 어떻게 하나님의 율법을 신실하게 준행하는 것이, 우리가 받아 누리는 구원의 자유를 감사로 표현하는 것인지 살펴보았습니다. 이제 우리는 기도를 통해 감사가 그리스도의 제자로서 우리에게 하나님께서 명하시는 모든 계명을 따라 살도록 하는 강력한 동기와 힘이 되는 것을 발견합니다. 교리문답이 "기도는 하나님께서 우리에게 요구하시는 감사의 삶 중에서 가장 중요한 부분"이라고 하는 것도 이 때문입니다(제116문답).

기도함으로 우리가 하나님께 감사의 삶을 살아갈 수 있는 것은, 우리의 기도를 따라 하나님께서 상황을 바꾸시고 달라지게 하시기 때문이 아닙니다. 오히려 기도를 통해 우리가 하나님과 바른 관계를 이어가기 때문입니다(제117문답). 하나님은 미쁘시고 선하십니다. 우리는 하나님 없이는 살아가지 못합니다. 어느 때든 우리는 하나님 앞에 무릎을 꿇고 도우심을 구해야 할 사람들입니다. 교리문답은 기도로 무릎 꿇은 바로 그 자리가 우리의 자리라고 합니다. 우리는 삶의 염려들을 하나님께로 가져갑니다. 우리는 하나님께 속한 자들이기 때문에, 우리의 염려 또한 하나님께 속한 것이 됩니다. 하지만 하나님은 때로 우리의 기도에 "아니"라고 하십니다. 그런데도 결국 우리는 감사하게 됩니다. 하나님께 기도하는 바로 그 행위가 우리와 하나님과의 거룩한 관계를 새롭게 하기 때문입니다.

기도가 정말 역사하는지 사람들이 물어 오는 때가 있습니다. 사실 이런 질문을 하는 사람들은 기도가 실제로 상황을 변화시키는지 궁금한 것이 아니겠습니까? 이 질문에 대해 나는 항상 "그럼요!"라고 분명히 대답합니다. 하지만 내 경험으로 볼 때, 기도는 대부분 상황을 변화시키는 게 아니라 기도하는 사람을 변화시 킵니다. 하나님께서 여전히 세상에서 일하시고 우리의 삶을 주장 하시는 것을 분명히 믿습니다. 하지만 기도의 핵심은 기도를 통해 우리가 누리는 하나님과의 교제에 있습니다. 하나님 앞에 자리를 잡고 설 때, 우리는 사나 죽으나 우리가 항상 하나님의 자애롭고 안전한 손안에 안연히 거한다는 사실을 보게 됩니다. 이런 사실을 본 사람은 변합니다. 염려와 두려움으로 가득한 마음이 감사가 넘 치는 마음으로 달라집니다. 이런 감사에 다다르기까지는 상실과 슬픔을 지나는 어떤 여정도 아직 종착지에 이른 것이 아닙니다. 하지만 기도 없이는 길을 잃고 맙니다.

기도를 믿으란 말이 아닙니다. 우리의 기도를 들으시는 하나님 을 믿어야 합니다(제116문답). 우리의 기도를 믿고 의지한다면, 우 리가 하나님께 제대로 기도를 드렸는지에 대해 염려할 것입니다. 마치 우리가 기도를 잘해서 하나님을 설득해 일하시게 하기라도 하는 것처럼 말입니다.

교리문답이 가르치는 대로, 신자는 기도를 통해 "영혼과 육신 에 필요한 모든 것"을 하나님께 구합니다(제118문답). 그러나 하나 님이 응답하시는 것은 청산유수 같은 우리의 기도 때문이 아닙니 다. 이제 곧 생을 마감해야 한다는 것을 알게 된 그 젊은 가장과 같이, 때로는 "하나님……"이라고 하나님의 이름을 되뇌는 것만이 우리가 드리는 기도의 전부가 될 때도 있습니다. 이렇게 빌 바를 알지 못할 때 성령께서 우리를 위하여 기도하십니다(롬 8:26-27).

"하나님……"이라고 탄식으로 기도하기 시작한 사람은 더는 자기 것이 아닙니다. 하나님의 것입니다.

내가 십 대 때 우리 교회 학생회의 리더들은, 모든 기도는 하나님의 영광을 **인정**하는 것(acknowledgment)으로 시작해서, 죄의 **고백**(confession)과 우리가 받아 누리는 복에 대한 **감사**(thanksgiving)로 나아가고, 그 후에 비로소 우리가 바라는 일들을 위해 **간구해야**(supplications) 한다고 가르쳐 주었습니다. 이런 순서로 하는 기도의 첫 글자들을 따서 붙이면, 신약성경의 다섯 번째 책인 사도행전의 이름(ACTS)과 같기에, 그것이 성경적인 기도라고 리더들은 확신했습니다.

기도에 대한 이런 공식을 받아들이기가 어려운 것이, 성경은 이런 공식에 부합하지 않은 기도들로 가득합니다. 성경의 가장 탁월한 기도들은 시편에서 볼 수 있습니다. 처음부터 탄식으로 기도하는가 하면, 탄원이나 죄의 고백, 또는 감사로 일관하는 기도들도 있습니다. 기도는 하나님과의 관계를 새롭게 하는 방편이기 때문에, 모든 살아 있는 관계가 그렇듯, 하나님과 기도로 교제하는 것도 이러저러한 공식으로 단순화할 수 없습니다.

정형화, 공식화, 적합성과 같은 말을 가지고 기도를 논하기는 어렵습니다. 모든 기도의 핵심은 우리의 은혜로우신 하나님과 대화하는 가운데 자신을 발견하는 것입니다. 하나님과의 대화에 집중하기 시작하면 기도는 곧 친교로 바뀌고, 그러면 자신이 바라고 기도하는 것보다 하나님과의 교제에 더 관심을 가지기 시작합니다.

하나님과의 이런 교제는 항상 은혜라고 하는 환경에서 이루어집니다. 나쁜 기도나 좋은 기도 같은 것은 없다는 말입니다. 이제 갓 그리스도인이 된 사람이나 어린아이의 기도는, 교회 식사 시간에 삼위 하나님의 이름으로 기도하는 신학적으로 잘 훈련된 목사의 기도만큼이나 하나님의 마음에 분명히 다가갑니다.

기도는 기도 자체보다는 항상 우리의 기도를 들으시는 하나님이 중심입니다. 기도함으로 우리의 주인인 거룩하신 하나님과의 교제를 새롭게 하는 것은 우리가 기도한 대로 응답받는 것보다 항상 더 큰 위로를 줍니다.

제1장에서 살펴본 대로, 넘어져 무릎이 까져 울면서 부모의 품을 파고드는 어린아이는 부모가 끌어안고 입을 맞추며 쓰다듬어 주면 금방 위로를 얻고 다시 즐거워합니다. 까진 무릎은 온데간데없고 부모의 품에 안겨 위로를 얻은 것만 남습니다. 사랑은 두려움을 내어 쫓습니다(요일 4:18). 기도를 통해 우리는 많은 염려와 불안에서 하늘 아버지의 품에 안긴 크나큰 위로를 받아 누립니다. 그러고는 금방 하나님의 품을 내려와, 우리가 받아 누린 사랑에 대한 감사로 나아갑니다. 이 감사를 통해 우리는 부침이 많은 삶으로 다시 돌아갈 담력을 얻습니다.

그러므로 "효과적인" 기도에 대한 생각은 그만두는 것이 좋습니다. 기도는 하나님을 우리 쪽으로 더 가까이 끌어당기는 무슨 끈이 아닙니다. 오히려 기도는 우리 마음을 하나님의 마음과 이어지게 하는 놀라운 방편이자 특권입니다(제117문답). 그리고 우리를 사랑하시고 우리의 기도를 들으시는 하나님과 교제를 누리는 자신을 발견할 때, 우리는 하나님의 은혜에 감격하여 오직 감사로 넘쳐나게 됩니다. 이렇게 감사가 넘치는 삶이야말로 항상 우리 삶의 정점이라고 할 수 있습니다. 이로 인해 우리는 두려움 없이 다시 세상으로 돌아갈 수 있습니다. 기도를 통해 발견한 완전한 사랑이 우리에게서 두려움을 내어 쫓습니다. 하나님에 대한 이런 감사와 감격으로 말미암아 생의 염려를 털어 버린 사람만이 자신을 부르신 사명을 감당하기 위해 세상으로 다시 돌아갈 수 있습니다. 이처럼 이 교리문답은 아주 독특하게 우리를 부르신 사명으로 끝을 맺습니다.

주님이 가르쳐 주신 기도(Lord's prayer)

하이델베르크 교리문답은 주기도문에 대한 해설로 결론을 맺습니다(제119문답). 주기도문만을 가지고 기도해야 하기 때문이 아닙니다. 주기도문은 신자가 어떤 기도를 어떻게 드려야 할지에 대한 놀라운 통찰을 제공하는 모범적인 기도이기 때문입니다. 그뿐 아니라 제자들이 예수님께 기도를 가르쳐 달라고 했을 때 예수님께서 가르쳐 주신 기도이기 때문입니다(제118문답). 그래서 이 땅에 있는 그리스도인들은 함께 모일 때마다 누구도 예외 없이 자신의 언어로 이 기도를 드립니다. 예수님께서 가르쳐 주신 이 기도를 정기적으로 반복함으로써, 우리는 "하나님……"이라고 밖에 할 수 없는 탄식의 기도를 포함한 우리가 드리는 다른 많은 기도를 이해하게 됩니다.

다른 모든 목사와 마찬가지로 나도 급히 응급실로 실려 간 교인 때문에 늦은 밤 응급실로 달려갈 때가 많습니다. 응급실에 도착하면, 환자는 대개 의사나 간호사들과 함께 있기 마련이어서, 나는 대기실에서 초조하게 기다리는 환자의 가족들과 대부분 시간을 보냅니다. 그럴 때마다 이런 대기실이야말로 우리의 인생을 보여 주는 강력한 은유라는 생각이 듭니다. 우리의 삶은 그야말로 온갖 초조한 기다림의 연속입니다. 우리가 맺은 관계, 직장, 장래의 꿈과 같은 것들이 위기에 처했을 때, 우리가 할 수 있는 것이라고는 초조하게 기다리는 것이 전부일 때가 많습니다. 어떻게될까? 우리는 괜찮을까? 이것으로 끝이란 말인가? 우리는 모릅니다. 그저 기다리면서 일이 어떻게 되어 가는지를 지켜보는 것 외에는 할 수 있는 것이 없습니다.

수년 동안 병원 대기실에서 시간을 보내면서 한 가지 배운 것은, 적어도 그 시간만큼은 사람들이 무슨 새로운 신학 같은 것에 전혀 관심이 없다는 것이었습니다. 그저 이미 알고 있는 것이라도 제대로 믿기를 바라고, 그 믿는 바를 제대로 붙들 수 있기를 원했습니다. 그래서 주기도문같이 이미 우리가 알고 있는 기도로 기도하고 싶어 하며, 이런 기도에서 위안을 얻는다는 것이었습니다.

루이스는 아이들이 이미 읽거나 들은 이야기를 반복해서 읽고 듣는 것을 좋아한다고 했습니다.[12] 당신이 혹시 이야기를 조금이라도 바꿀라치면, 금방 아이들은 "그 이야기는 그게 아니에요"라고 말합니다. 『빨간모자』(*Little Red Riding Hood*)에 나오는 할머니가 사실은 아주 교활한 늑대였다는 사실을 처음 알고 놀랐던 것과 똑같이 놀라기를 바랍니다. 이야기에서 그다음에 무슨 일이 일어날지를 알면, 아무리 긴장되는 대목이라도 가슴 졸이지 않고 마음 편하게 즐길 수 있습니다. 늑대가 갑자기 나타난다 해도 맞서 싸울 수 있습니다. 결국에는 행복하게 끝난다는 것을 알기 때문입니다.

이야기를 좋아하지 않는 사람은 이야기를 한 번만 읽고 만다고 루이스는 말합니다. 한 번 읽었으니 다 되었다고 생각한다는 것입니다. 하지만 정말 이야기를 좋아하는 사람은 같은 이야기를 계속 읽음으로써 이전에 발견하지 못했던 것을 알고 좋아합니다. 하지만 그럴 수 있는 것도 이미 한 번 읽어서 이야기가 어떻게 전개될지를 알기 때문입니다.

박물관에 다시 들러서 이미 본 그림이나 조각을 처음 본 사람처럼 계속해서 살펴보고, 이미 보았으나 다시 보기 위해 좋아하는 영화의 DVD를 구매하는 것도 이 때문입니다. 이 작품이나 영화에 대해 이미 잘 알지만, 그것으로 충분하지 않기 때문입니다.

그리스도인들이 같은 성경 본문을 계속해서 살피고 연구하는 것도 이 때문입니다. 본문이 말하는 것이 무엇인지 몰라서가 아닙니다. 오히려 그것을 알기 때문에 계속 연구합니다. 매료된다는 것은 바로 이를 두고 하는 말입니다.

주기도문도 마찬가지입니다. 그리스도인들의 대부분이 암송하는 기도가 있다면 그것은 바로 주기도문일 것입니다. 주기도문을 암송하고 기도해 온 신자라면 누구라도 목사가 이 기도문의 어떤 말이나 구절을 바꾸기를 원치 않을 것입니다. 물론 다양한 기독교 전통에 따라 말이 약간 서로 다르기는 하지만, 어쨌든 자신이 어려서부터 암송하고 기도해 온 그대로 유지되기를 바랄 것입니다. 이런 바람은 우리 영혼에서 나옵니다. 똑같은 기도문이지만 반복해서 기도해야 할 필요가 있습니다. 하나님과의 친밀한 교제로 나아가도록 하는 신뢰할 수 있는 안내자이기 때문입니다.

아버지께 드리는 기도

이 교리문답이 주기도문을 설명하면서 처음부터 분명히 밝히는 바는 "그리스도를 통하여 하나님께서 우리의 아버지가 되셨다는 사실을 어린아이처럼 믿고 경외하도록" 우리에게 일깨워 주는 것입니다(제120문답). 그러므로 모든 기도는 한 마디로 가족 간의 대화로 이루어진다고 할 수 있습니다. 이방인으로 하나님께 나아가 무엇을 부탁하는 것도 아니고, 거지처럼 비굴하게 무엇을 얻으려고 손을 벌리며 나아가는 것도 아닙니다. 우리를 향한 하늘 아버지의 깊은 사랑을 확신하는 자녀로서 나아가는 것입니다.

하나님을 우리 아버지라 부른다는 것이 우리의 창조주를 인간적인 남성성으로만 제한한다는 의미는 아닙니다. 창세기의 처음 몇 장을 통해 남자와 여자는 모두 하나님의 형상을 따라 지어진 사실이 분명히 드러납니다. 이렇듯 **아버지**라는 말은 하나님의 존재나 정체성을 나타내는 것이 아닙니다. 이 기도에서 하나님을 아버지로 부르는 것은 예수님께서 하나님과 누리시는 관계를 묘사하기 위함이었습니다. 우리도 성령을 통해 성부와 성자 간의 영원한 사랑의 관계로 들어갑니다.

만약 예수님께서 하나님을 형식적이고 일반적인 의미에서 자신의 아버지로 말했다면 큰 문제가 없었을 것입니다. 하지만 예수님께서는 하나님을 단지 신학적 타자 정도로 제한하기를 거부하심으로써 당시 종교 지도자들에게 미움을 받으셨습니다. 지금 우리와 함께하시는 거룩하신 하나님과의 고유한 친밀함을 나타내시고 주장하셨기 때문입니다.

예수님께서 사용하신 **아버지**는 아람어로 "아바"(*Abba*)라는 말입니다. 이는 아버지를 부르는 더없이 친근한 표현으로, 하나님을 "우리 아버지"로 부르고 기도한다는 것은, 곧 우리는 추상적인 개념이 아니라 우리와 친밀한 관계를 누리시는 신격이신 하나님께 기도한다는 말입니다. 당신은 아무 거리낌 없이 아버지 무릎에 앉을 수 있습니다. 하나님 아버지는 당신이 하는 발레나 피아노 발표회에 가서 당신을 격려하시고, 당신이 축구를 할 때는 자리에서 일어나 응원하시며, 당신이 데이트하러 나가서 귀가가 늦어지면 당신을 기다리시고, 항상 친밀하게 당신과 이야기하기를 원하십니다. 하지만 당신의 하늘 아버지는 또한 규칙을 세우시고 경계를 정하십니다. 그리고 무엇보다도 당신에게 자신의 가족이라는 이름을 주셔서 항상 당신이 누구인지 알도록 하십니다.

하나님을 아버지로 부르는 위험 가운데 하나는 많은 육신의 아버지가 자녀에게 많은 사랑을 보여 주지 못한다는 사실입니다. 그런 이유로 하나님을 "아버지"로 불러서는 안 된다는 사람들도 있습니다. 어떤 사람에게 아버지라는 말은 좋지 않은 많은 기억을 떠오르게 하기 때문입니다. 하지만 하나님을 보고 아버지는 어떠해야 하는지를 배울 수도 있습니다.

내 아버지는 내가 열여섯 살 되던 해에 집을 나갔습니다. 그로부터 삼십 년이 지나 그의 장례를 치르기까지 한 번도 얼굴을 보거나 연락을 주고받지 못했습니다. 이로 인해 겪은 마음의 고통은 이루 말로 다 할 수 없었습니다. 그러기에 나는 하나님을 아버지로 부른다는 생각 자체를 거부할 수도 있었습니다. 하지만 어느 순간 나를 결코 떠나거나 버리지 않을 하늘 아버지가 있다는 사실을 생각하며 기뻐하기로 했습니다. 그리고 바로 이 선택을 통해 내 자녀들에게 어떤 아버지가 되어야 할지에 대한 생각도 완전히 달라졌습니다.

주기도문은 이런 분이 바로 "하늘에 계신" 우리 아버지라는 사실을 기억하게 합니다. 하나님을 아버지로 부름으로 하나님에 대한 바른 이해가 사라지는 것이 아니라, 하나님은 완벽한 아버지라는 사실을 기억하게 됩니다. 그리고 이런 사실은 이 땅의 모든 아버지에게 완전한 아버지가 되지 못한 것에 조바심을 내지 않아도 된다는 은혜로 다가옵니다. 대신 육신의 아버지로서 우리가 해야 할 일은, 자녀들에게는 항상 미쁘신 하늘 아버지가 있음을 그들이 깨닫도록 양육하는 것입니다. 하늘 아버지는 우리가 아는 것보다 훨씬 더 깊이 우리 자녀들의 삶에 관여하십니다.

하나님을 "우리 아버지"라 부름으로써 우리는 하나님께 많은 자녀가 있음을 압니다. 우리에게 한 형제자매 된 하나님의 가족들이 있다는 사실을 잊어버리면, 우리는 자신을 제대로 이해할 수 없습니다. 우리의 형제자매들은 대부분 이미 우리 앞서 하늘로 갔습니다. 나의 믿음은 이미 앞서 내가 맞닥뜨릴 수도 있는 모든 시험과 고난을 대면했던 내 형제자매들을 통해 영글어 갑니다. 그리고 그들의 위대한 믿음을 유산으로 받았습니다.

우리의 형제자매 가운데 어떤 이들은 매우 열악하고 어려운 환경에서 살아갑니다. 하늘 아버지께서는 우리가 이런 형제들을 도와야 한다고 분명히 말씀하셨습니다. 그러기에 수단의 그리스도인들이 핍박받는다는 소식을 들을 때, 우리는 그것을 저 멀리서 벌어지는 국제문제 정도로 치부하지 못합니다. 우리의 형제자매들이 고통받고 있습니다. 그러므로 주기도문은 시작부터 선교적입니다. 우리는 항상 하나님의 많은 자녀 가운데 하나로 기도합니다. 그리고 기도할수록 믿음을 지켜가는 우리의 형제자매들로 인해 감사하게 됩니다. 눈을 들어 "우리"의 문제를 조망하고 하늘 아버지께서 우리의 모든 삶을 통해 적극적으로 일하시는 것을 보는 것만큼, "나"의 문제에 변혁적인 결과를 가져오는 일도 없습니다.

가족 간의 대화

교리문답이 말하는 것처럼, 주기도문의 첫 번째 간구는 하나님의 이름이 "거룩히 여김을 받는 것"입니다. 사람들은 이 첫 번째 간구를 기도로 생각하지 않는 경향이 있습니다. 흔히 기도란 하나님께서 우리에게 해주시기를 바라는 것으로 생각하기 때문입니다. 하지만 교리문답은 "우리의 생각과 말과 행실"과 같이 우리의 전 삶을 통해 하나님의 거룩하신 이름을 영화롭게 하라고 이야기합니다(제122문답).

따라서 "이름이 거룩히 여김을 받으시오며"라는 기도는 엄밀히 말해 하나님에 대한 기도가 아닙니다. 하나님의 이름은 우리가 인정하든 안 하든 어쨌든 거룩하기 때문입니다. 오히려 우리는 이 기도를 통해 그리스도인인 우리의 삶이 우리가 속한 하나님의 거룩하심을 나타내기를 간구하는 것입니다.

사실 이 기도를 통해 우리는 엄청난 것을 간구하는 것입니다. 우리는 자신의 한계와 실패와 고질적인 죄악들을 압니다. 그런 우리가 어떻게 하나님의 거룩하심을 나타내는 삶을 살리라 기대할 수 있겠습니까? 그러나 기억하십시오. 우리 스스로 더 거룩하게 되어 그렇게 할 수 있도록 해주시라는 기도가 아닙니다. 우리 스스로는 도무지 할 수 없는 일들을 이루시는 하나님께 이 은혜를 구하고 있는 것입니다.

이런 사실은 우리를 다시 감사의 주제로 인도합니다. 우리 스스로 거룩하게 된 것에 대해 우리가 얼마나 감사한지를 드러내는 것이 아닙니다. 오히려 계속해서 거룩하지 않은 것에 이끌리기 마련인 우리의 삶을 통해 성령께서 하나님의 거룩하심을 드러내시는 것에 감사하는 것입니다. 심지어 하나님이 요구하시는 의로움에 전혀 미치지 못하는 우리의 많은 실패마저도, 하나님의 거룩하심을 드러냅니다. 우리의 하나님께서 우리 죄를 용서하시고 우리가 구주와 누리는 친밀한 교제를 우리의 "생각과 말과 행실"로 드러내도록 하시기 때문입니다.

구약성경의 예배 전통에서 하나님의 거룩하심은 특별히 성전의 지성소와 관련이 있었습니다. 거대하고 무거운 휘장이 지성소와 세상을 구분했습니다. 일 년에 한 번 대제사장이 이 지성소로 들어가 백성의 죄를 위한 제사를 드렸습니다. 거룩하신 하나님을 대면하는 것은 너무나 두려운 일이었습니다. 그래서 다른 제사장들이 대제사장의 발목에 줄을 묶어, 대제사장이 하나님의 심판으로 죽는 일이 생기면, 지성소를 범하지 않고 밖으로 끌어낼 수 있도록 했습니다. 하지만 예수 그리스도의 십자가로 하나님의 심판이 다 이루어진 바로 그 순간, 지성소의 휘장이 위로부터 갈라졌고, 이는 분명히 하나님께서 하신 일이었습니다. 하나님의 거룩하심이 다시는 종교적으로 특정한 지리적 장소에 제한적으로 머물지 않을 것이라는 하늘의 선포였습니다. 이제는 하나님의 거룩하심이 세상 구석구석으로 하나님의 것이 된 각인의 마음으로 흘러갑니다.

그러므로 성경은 거룩한 것과 부정한 것을 나누는 현시대의 구분에 대해 말하지 않습니다. 모든 것이 거룩합니다. 예수 그리스도의 대속 후에는 거룩한 것과 세속적인 것의 구분만 있을 뿐입니다. 말, 재물, 성, 우리의 거룩한 삶 등을 하나님께 감사하기 위한 것이 아닌 다른 목적으로 사용할 때, 그것들은 세속적인 것이 됩니다. 하지만 이런 것들을 우리가 세상이라고 하는 영역에 사용한다고 해서, 그리스도의 희생으로 얻게 된 거룩한 성격이 상실되는 것은 아닙니다.

예수 그리스도를 통해 극명하게 드러나는 것처럼, 하나님의 거룩하심은 죄인들과 어울린다고 오염되거나 훼손되는 것이 아닙니다. 예수님께서는 자주 죄인들과 함께 계셨습니다. 스스로 의롭게 여기던 당시의 종교지도자들은 이런 예수님을 견딜 수 없었습니다. 그러나 예수님께서 계속 말씀하신 대로, 오직 구주가 필요한 것을 절감하는 사람들만이 우리 아버지께로 나아갑니다.

예수님께서 말씀하신 탕자의 비유만큼 이 사실을 극명하게 드러내는 것도 없습니다(눅 15:11-32). 이야기의 끝 부분에서 우리는 이 비유의 핵심이 모든 규칙을 잘 따랐던 큰아들처럼 스스로 의롭게 되는 것이 아니라, 사죄하시는 아버지의 품에 안긴 자신을 발견하는 것이라는 사실을 깨닫습니다.

탕자 아우의 귀환을 축하하는 잔치에 함께하기를 청하는 아버지의 모습으로 이 비유는 끝이 납니다. 큰아들이 아버지의 청을 듣고 잔치에 함께했는지는 알 길이 없습니다. 그러나 우리는 이 비유를 이렇게 마무리하고 싶습니다. 스스로 의롭다고 여기는 자녀는, 거룩하게 되려는 자의적인 모든 노력을 물리치고 용서하시는 하늘 아버지의 품으로 뛰어들기를 결심하는 것으로 말입니다.

거룩해지는 다른 길은 없습니다.

나라가 임하시오며

주기도문의 두 번째 간구는 "나라가 임하시오며"입니다. 그리고
세 번째 간구는 "뜻이 하늘에서 이루어진 것같이 땅에서도 이루
어지이다"입니다. 이 두 간구는 서로 긴밀한 관계가 있습니다. 하
나님의 나라가 임하기를 위해 기도하는 것은 "하나님의 말씀과
성령으로 우리를 다스려 우리가 더욱더 하나님께 순종하게" 해주
시라는 것입니다(제123문답). 하나님의 뜻이 하늘에서 이루어진
것처럼 땅에서도 이루어지도록 기도하는 것은, 우리의 뜻을 변화
시키셔서 "우리에게 주어진 소명을 하늘의 천사들처럼 기꺼이 충
성 되게 모든 사람이 감당하게" 해주시라는 것입니다(제124문답).
바꾸어 말하면, 세상 구석구석을 포함한 온 세상의 장래를 향한
하나님의 뜻이 펼쳐지는 일에 자원하는 의지를 주시라는 기도입
니다.

현세가 계속되지 않을 것이라는 사실을 인정하기 때문에, 우리
는 하나님의 나라가 임하기를 기도합니다. 하나님의 나라가 임하
기를 기도하는 것은, "하나님 저는 현세를 절대적인 실체로 삼거
나 나의 모든 것인 양 너무 심각하게 생각하지 않을 것입니다. 어
떻게 하면 경제구조를 이용해 이익을 남길까 골몰하는 현재의 사
회질서에 근거해서는 어떤 결정도 내리지 않을 것입니다. 다수의
세상 사람들이 가난하게 살아가는 오늘의 현실을 보면서, 나는 꽤

찮으니까 못 본 척하며 잠잠히 있지는 않을 것입니다"라고 하나님께 말씀드리는 것입니다.

우리가 주기도문으로 기도할 때마다 현재시제는 역사의 뒤안길로 사라지고, 하나님께서 이미 세상의 장래를 결정하셨음을 인정하는 것입니다. 그 장래가 오고 있기에, 나의 유일한 간구는 하나님께서 나의 뜻을 하나님의 뜻과 하나 되게 하심으로 하늘에서 하나님의 뜻이 이루어진 것처럼 이 땅에서도 이루어지는 것입니다.

추리소설을 읽다 보면 앞으로 어떻게 이야기가 전개될지 너무 궁금해서 이야기의 결말을 살짝 엿보기 일쑤입니다. 하나님께서 우리에게 요한계시록을 주신 이유가 바로 이것입니다. 요한계시록의 마지막 몇 장을 읽어 보면, 마침내 하나님께서 사람들 사이에 거처를 정하시는 것을 보게 됩니다. 우리는 생명수 강이 가로지르는 새 도성에서 살 것입니다. 강 좌우로 난 생명나무 이파리들은 온 열국을 치료합니다(계 21:1-4; 22:1-5). 매우 위대하고 웅장한 결말입니다. 물론 바로 앞의 이야기들은 너무나 무섭지만, 모든 이야기의 결말은 더 없이 설레고 기대되기만 합니다.

하나님께서 이처럼 영광스런 결말을 드러내시는 것은 그저 새로운 나라가 도래한다는 사실을 알려주기 위함이 아닙니다. 그와 함께 오늘 우리의 사명에 대한 비전을 새롭게 하기 위함입니다. 이 사명은 장차 임할 하나님의 나라가 현재로 도래하는 표지를 발견하고, 그 길을 예비하는 일에 우리 자신을 드리는 것입니다. 이 새로운 나라는 우리의 마음에서 이 나라를 고대하는 세상으로

퍼져가는 것이 아닙니다. 오히려 하나님께서 이미 이루신 장래가 우리 마음으로 침투해 들어오는 것입니다. 이런 우리의 장래에 대해서는 의심할 여지가 없습니다. 성령께서 이미 이런 장래를 성경에 기록하셨습니다. 문제는 이에 대한 오늘 우리의 반응입니다.

하늘 아버지의 사랑을 입은 자녀들인 우리는 도래하는 새 나라를 추구하는 하나님의 권속으로서, 이 일에 어떻게 참여하는 것이 가장 좋을지 통찰을 구하는 기도를 드립니다.

일용할 양식을 주시옵고

주기도문 네 번째 기도부터는 우리가 날마다 맞닥뜨리는 필요를 위한 간구입니다. 가장 먼저 "우리의 일용할 양식"을 위한 기도입니다. 교리문답은 이것이 "우리 육신의 모든 필요를 돌아보셔서 하나님만이 모든 선한 것의 원천"이라는 것을 알게 해주시도록 기도하는 것임을 분명히 밝힙니다(제125문답).

삶에서 누리는 모든 일상의 복은 위로부터 옵니다. 겨울마다 내리는 첫눈, 매년 봄마다 피어나는 꽃, 음식과 웃음이 넘치는 가족의 저녁 식사, 갓난아기에게서 나는 부드러운 냄새, 공원에서 장기를 두는 두 노인의 더없는 안락함, 결승 테이프를 끊는 선수를 응원하면서 느끼는 흥분 등, 이 모든 선한 것이 하나님에게서 옵니다. 이것은 우리 영혼의 양식입니다.

하늘에서 오는 양식을 먹고 강건한 영혼은 삶의 위기들을 잘 헤쳐나갈 수 있습니다. 하나님께서는 어려움과 복을 공평하게 저

울에 달아서, 그것에 따라 얼마나 일용할 양식을 줄지 결정하시는 분이 아닙니다. 우리가 달갑지 않게 여기는 선물을 포함해서, 하나님께서 우리에게 무엇을 주시는 목적은, 기도 가운데 하늘 아버지께로 이끌리게 하기 위함입니다.

이스라엘 백성이 애굽을 떠나 광야를 건너갈 때 하나님께서는 그들에게 만나를 먹이셨습니다. 만나는 아침마다 하늘에서 내리는 일종의 떡이었습니다. 그리 많지는 않았습니다. 하지만 온 가족의 하루 양식으로는 부족함이 없었습니다. 만나를 주시면서 하나님께서는 두 가지를 말씀해 주셨습니다. 하나는 각자가 자기의 분량을 거둬야 했고, 다른 하나는 날마다 광야로 나아가 거둬야 하는 것이었습니다. 우리가 어떻게 날마다 하나님의 돌보심을 받는지를 잘 보여 주는 상징입니다. 신중하고 주의 깊은 사람은 아침마다 하나님께서 이미 그날에 필요한 모든 것을 주셨다고 생각할 것입니다. 해가 떠올랐고, 지구의 자전과 함께 새로운 날이 시작되었으며, 호흡할 공기와 먹을 양식이 있기 때문입니다. 살아가면서 우리가 누리는 모든 것, 이를테면 가장 소중한 관계들, 섬김을 위한 은사들, 건강, 회복된 하나님과의 관계 등은 날마다 우리가 이루어야 할 목표가 아니라, 날마다 받아 누리는 복입니다.

만나는 우리가 날마다 받아 누리는 하나님의 구체적인 복뿐만 아니라, 어떻게 우리가 하나님을 믿는 믿음에서 자라는지를 보여 주는 유익한 상징입니다. 만나는 히브리말로 "이것이 무엇이냐?" 라는 뜻입니다. 이스라엘 백성은 광야에서 날마다 자기 가족이 일용할 "이것이 무엇이냐?"를 거두었습니다. 물론 저마다 독특한 방식으로 그것을 먹을 수 있게 준비했을 것이 분명하지만, 그래도 식탁에 올려놓으면 자녀들은 "이것이 무엇이에요?"라고 물었을 것입니다.

하나님께서는 자기 백성이 광야의 여정을 지나는 동안 끊임없이 이렇게 묻지 않을 수 없도록 하셨습니다. "하나님, 도대체 무슨 일을 하시는 것입니까? 약속의 땅이 무엇이기에 우리에게 이렇게까지 하시는 것입니까? 이 여정을 통해 우리에게 어떻게 하시려는 것입니까?"

이 질문은 예수님께서 오셔서 자신을 하나님이 보내신 새로운 만나라고 주장하시기까지 수 세기 동안 이어졌습니다(요 6:51). 자신을 만나와 동일시함으로, 예수님께서는 지금 자신을 새로운 "이것이 무엇이냐?"라고 하신 것입니다. 우리의 오랜 질문에 대한 대답은 결국 또 다른 질문으로 돌아오지만, 이것은 더 나은 질문입니다. 더 나은 질문을 발견하는 것은 적어도 기독교 영성에서 절반의 성공이라고 할 수 있습니다. 이제 진정한 질문은 "구주 예수께서 지금 하시는 일은 무엇인가?"라는 것입니다. 우리가 날마다 이 질문을 던질 때 우리 영혼은 강건해져 갑니다. 대답의 실마리를 못 찾는다 해도 괜찮습니다. 하늘의 양식을 통한 자양분은 대답 여부에 따라 얻는 것이 아니라, 구주의 사역에 초점을 맞춤으로 얻기 때문입니다. 심지어 이 질문을 던지는 것만으로도 우리의 영혼은 양식을 얻습니다. 우리가 구하고 바라는 것은 선명함이 아니라 우리가 속한 하나님 그분이기 때문입니다.

우리의 필요가 채워질 것이라는 확신은 우리의 노력이나 염려, 혹은 그 어떤 피조물로부터 비롯되는 것이 아니라고 교리문답은 말합니다(제125문답). 예수 그리스도 안에 있는 하나님만이 우리의 필요를 채우시는 것을 우리는 압니다. 그러므로 일용할 양식을 구하는 것은 단순히 살면서 하나님의 풍성한 복을 더 얻어 누리기를 구하는 것이 아닙니다. 대답보다는 의구심이 많을 때도, 예수 그리스도로 말미암아 우리의 필요를 채우시는 하늘 아버지께, 우리의 모든 것이 달려 있음을 기도로 고백하는 것입니다. 의문이 일어날 때마다 하나님께 여쭐 수 있다는 것이 은혜요, 불충분한 우리의 대답이 필요 없다는 것이 또한 은혜입니다.

넘쳐나는 용서

주기도문의 다섯 번째 간구는 "우리가 우리에게 죄지은 자를 사하여 준 것같이 우리 죄를 사하여 주옵소서"라고 가르칩니다. 교리문답이 말하는 대로, 이 기도는 예수 그리스도의 희생이 우리에게 있는 죄와 악으로부터 우리를 자유롭게 하는 것은 물론, 우리의 이웃을 용서하는 권세까지 누리도록 한다는 의미입니다(제126문답).

우리의 하늘 아버지는 우리 죄를 용서하시고 죄로부터 우리를 자유롭게 하실 뿐 아니라, 우리 마음에 큰 은혜를 부으셔서 우리가 누리는 관계에까지 흘러가도록 하십니다. 흔히 말하듯, 먼저 받은 것이 없으면 줄 것도 없습니다. 하지만 우리는 하나님으로부터 은혜 위에 은혜를 받았습니다. 이웃에게로 넘쳐날 만큼 충만하게 받았습니다.

매일, 매달, 매해 이 기도를 통해 우리는 이 은혜를 위해 기도하는 것을 배웁니다. 때마다 시마다 이 기도를 드리는 가운데 우리의 눈이 열려 용서의 풍성한 능력과 권세를 보게 됩니다. 다칠 대로 다치고 상할 대로 상한 관계라도 회복되지 못할 일은 없습니다. 하지만 먼저 용서하는 은혜가 있어야 합니다. 이 기도에서 배우는 것처럼, 이런 용서의 손을 내밀 수 있는 마음이나 용기는 오직 하나님께서 이미 우리를 용서하셨다는 사실을 기억함으로 얻을 수 있습니다. 하나님께서는 우리를 죄책에서 자유롭게 하실 뿐 아니라, 우리의 이웃과 세상을 향한 하나님의 은혜 사역에 참여할 수 있도록 우리를 자유롭게 하셨습니다. 하나님의 용서를 받은 사람은 누구나 할 수 있고 또 해야 하는 일입니다. 용서는 하나님의 권속으로서 감당해야 하는 가업의 한 부분입니다.

자신에게 해를 끼친 사람들을 우리가 용서하는 것은 그들이 심판을 당하지 않도록 하기 위함만이 아닙니다. 용서는 용서의 주체인 우리 자신을 위한 일이기도 합니다. 상대방에 대한 분노와 판단을 품고 있을 때 우리는 그 사람뿐 아니라 하나님과도 멀어지게 됩니다. 아이러니하게도 이런 상태는 다름 아닌 우리 자신을 죄인으로 만듭니다. 무엇이나 우리를 하나님과 멀어지게 하는 것은 죄이기 때문입니다. 예수 그리스도의 십자가에서, 하나님께서는 죄를 범하고 하나님의 영광에 이르지 못한 모든 사람을 용서하기를 바라신다는 사실이 극명하게 드러났습니다(롬 3:23). 그러므로 그리스도 안에서 온전히 살아간다는 것은 지금도 계속되는 죄를 용서하는 그리스도의 사역에 참여한다는 것입니다. 이 부르심에 순복하기를 거부하는 것은 자신에게 해를 가한 사람이 하나님께 용서받지 못하도록 하는 것과 다르지 않습니다. 이는 또한 하나님과 우리를 멀어지게 하는 일입니다.

윤리학자 루이스 스미디즈(Lewis Smedes)는 용서는 갇힌 자를 자유롭게 한다고 했습니다. 다른 사람을 용서한 후라야 자신이 갇힌 자였음을 발견합니다. 하지만 사람을 용서하기가 얼마나 어렵습니까! 그래서 우리는 우리에게 죄지은 자를 사해 줌으로써 자유롭게 되기를 기도하는 것입니다.

악에서 구하소서

주기도문의 여섯 번째 간구는 "시험에 들게 하지 마시옵고 다만 악에서 구하시옵소서"[13]라는 기도입니다. 이 기도는 악이 존재함을 전제하고 있습니다. 그러므로 이런 사실을 무시하는 것은 위험합니다. 가인이 아벨을 미워하여 쳐 죽인 후, 세상은 상하게 한 자와 상함을 입은 자, 압제자와 희생자, 불의한 자와 의로운 자로 나뉘는 일이 그치지 않습니다. 그리고 그 이면에는 마귀의 악이 팽배합니다. 하지만 교리문답은 일어나는 모든 악한 일이 우리 밖의 악한 세력에서 비롯된 것인 양 이런 악을 외면화하지 말라고 합니다. 오히려 교리문답은 우리의 철천지원수를 "마귀와 세상과 우리의 육신"이라고 천명합니다(제127문답). 그러므로 우리가 신경을 쓰고 조심해야 할 것은 마귀만이 아닙니다.

교리문답이 철천지원수의 하나로 말하는 세상은 아버지의 집을 멀리 떠난 방탕한 삶을 위해 우리가 발전시킨 경제적 사회적 장치와 기구들을 말합니다. 오늘의 사회와 경제는 전반적으로 소비에 기반을 두고 있기에 끊임없이 더 원하고 더 소비할 것을 촉구합니다. "뭔가 다른 삶을 경험해 봐라. 새 보트를 사면, 인생이 달라질 것이다"라고 하는 웃지 못할 광고들을 수도 없이 접합니다. 꼭 보트가 아니더라도 세상은 항상 거룩한 목적이 없이 사는 삶의 고통을 마취시킬 다른 것들로 우리를 미혹합니다. 세상에는 항상 가진 자와 못 가진 자가 있기 마련이기에 가진 자가 되기 위해서라면 무슨 일이든 해야 한다고 공공연하게 떠벌립니다. 하지만 사람이 언제 이만하면 충분하다고 한 적이 있었습니까? 하나님이 지으신 세상은 원래 이렇지 않았습니다. 그러므로 우리를 소비와 소유의 중독으로 빠지게 하는 것들을 대항하기 위해 우리는 기도하는 일을 쉬지 말아야 합니다.

교리문답은 또한 우리의 육체를 철천지원수라고 합니다. 하나님께서는 우리의 육체를 지으시고 보시기에 좋았다고 하셨습니다. 예수님의 성육신으로 우리의 육체는 다시 구원을 받았습니다. 하지만 스스로 신이 되고자 하는 욕망을 내버려 둠으로써 우리의 육체는 허망하게 더럽혀질 수 있습니다. 더럽혀진 육체는 끊임없이 탐식과 음란과 쾌락과 명성을 추구합니다. 만족하고 감사할 줄을 모릅니다. 이런 욕구와 욕망은 우리의 깊은 곳에 자리한 하나님을 향한 진정한 갈망을 가립니다. 그래서 우리는 항상 주리고 목이 마릅니다. 무엇보다도 하나님을 향해 그렇습니다. 에덴동산에서부터 지금까지 한 가지 분명한 사실은, 육체가 원하는 대로 하나님에게서 멀어지도록 내버려 두는 것은 악을 우습게 여기고 악과 함께 장난을 치는 것입니다. 그러기에 우리는 자신을 다스릴 힘을 주시도록 기도해야 합니다.

날마다 우리는 하나님의 거룩한 나라에서 우리를 끌어내리려는 악을 대면합니다. 교리문답이 말하는 것처럼, 우리는 지금 거대한 영적 싸움 가운데 있습니다. 다시 말하면 어느 한쪽을 택해야 하는 것입니다(제127문답). 당신은 어느 편입니까? 거룩함의 편입니까 아니면 악의 편입니까? 중립은 없습니다. 도래하는 하나님 나라에 속할 것인지, 아니면 원수의 나라에 속할 것인지 한 명도 예외 없이 결정해야 합니다. 그리고 인생의 다른 모든 선택은 바로 이 결정에 달려 있습니다.

송영

주기도문은 "나라와 권세와 영광이 아버지께 영원히 있사옵나이다. 아멘"으로 끝을 맺습니다. 이는 하이델베르크 교리문답의 결론과도 잘 들어맞을 뿐 아니라 우리 인생이 맞이해야 할 최선의 결론이기도 합니다.

"아버지께 있사옵나이다"는 의미심장한 말입니다. 주기도문은 우리가 이룬 모든 성취뿐 아니라 감추고 싶은 우리의 모든 실패도 전능하신 하나님의 것이라고 기도하도록 가르칩니다. 이 모든 것을 우리는 구주 앞에 내려놓습니다. 우리의 삶은 결코 집이나 직장에서 자신을 위해 지푸라기 같은 하찮은 왕국을 만들고, 그 왕국을 자신의 노력으로 지켜내며, 그런 시시한 승리들에 따르는 거짓 면류관을 쓰도록 계획되지 않았습니다. 하나님께서는 우리가 그런 하찮은 결말을 맞이하는 것을 전혀 허락하지 않으실 만큼 우리를 소중히 여기십니다.

예수 그리스도께 속한 백성인 우리의 삶은 구속이라 불리는 세상을 변화시키는 하나님의 위대한 드라마에 압도된 삶이어야 합니다. 이 구속의 드라마에서 우리는 정말 잠깐 스치고 지나가는 장면에 불과하지만, 거룩한 드라마는 아무리 짧은 장면이라도 모든 장면에 위대한 의미가 담겨 있기 때문입니다.

대개 우리는 사랑하는 사람의 장례식에 함께 모이기 전에는 이런 사실을 잘 보지 못합니다. 목사로서 나는 많은 장례식에 참여합니다. 장례식에서 내가 가장 좋아하는 부분은 가족과 친구들이 마이크 앞에서 고인을 기억하고 회상하는 찬사를 나눌 때입니다. 거의 삼십 년을 그렇게 찬사를 들으면서 새삼 알게 된 것은, 그 자리에서 고인의 이력을 읽거나 얼마나 많은 돈을 모았고 얼마나 많은 트로피를 받았는지를 나열하는 사람은 하나도 없다는 사실입니다.

맞습니다. 우리는 그저 고인이 얼마나 인생을 잘 살았는지를 듣고 싶은 것입니다. 놀라운 어떤 일에 헌신했던 그 삶의 이야기를 통해 희미하게나마 천국의 빛을 엿보고 싶은 것입니다.

우리의 장례식에서 듣게 될 찬사는 우리의 삶에 대한 위대한 "아멘"입니다. 그러므로 이 교리문답은, 누군가 우리의 장례식에서 우리에 관해 이야기하기 전에, 우리 각자가 "나는 내 것이 아니고 사나 죽으나 몸과 영혼이 나의 신실하신 구주 예수 그리스도의 것"이라는 사실을 아는 사람으로 살아갈 용기와 지혜를 얻도록 기도할 것을 촉구합니다.

하이델베르크 교리문답

450주년 기념판

종교개혁 시대에 작성된 교리문답 가운데 가장 유명하고 널리 사용되는 하이델베르크 교리문답은 개혁주의 신앙을 가장 명증하게 표현한 것으로 정평이 나 있으며, 특별히 따뜻하고 개인적인 어조로 인해 많은 사랑을 받아왔다. 수많은 사람이 이 교리문답의 많은 문답을 암송했고, 그중에서도 특별히 제1문답은 그들의 삶에 믿음의 닻으로 자리해 왔다. 우리는 2013년을 오랫동안 사랑받아 온 이 교리문답이 작성된 지 450년째 되는 해로 기념한다.

하이델베르크 교리문답 450주년 기념판(2011년 완성)은 영어로 된 북미개혁교회(CRC)에서 발행한 1988년 판을 참고로, 이 교리문답을 처음 작성할 때 사용된 독일어와 라틴어에서 새롭고 정확하게 번역한 것이다. 교회연합을 위한 노력인 이 기념판은 북미개혁교회(CRC), 미국장로교회(PCUSA), 미국개혁교회(RCA)의 공식 영어 번역으로 채택되었다. 이런 사실은 신앙 교육뿐 아니라 당시 독일 팔츠 지역의 여러 교회 분파들을 공통된 신앙고백으로 연합하고자 했던 이 교리문답의 원래 취지와도 부합한다.

본 번역판에 각주로 달린 성경 구절들은 대부분 초기 독일어와 라틴어판에 포함되었던 것으로, 정확한 선별작업을 통해 1975년 북미개혁교회(CRC) 총회에서 공인되었다.

본 기념판을 위한 공동번역위원회로 소중하고 성실한 노력을 기울여 준 다음의 분들께 감사를 드린다.

라일 비르마(Lyle Bierma, Calvin Theological Seminary)

J. 타드 빌링즈(J. Todd Billings, Western Theological Seminary)

돈 드브리즈(Dawn Devries, Union Presbyterian Seminary)

유진 하이데만(Eugene Heideman, Western Theological Seminary, Emeritus)

데이비드 스텁스(David Stubbs, Western Theological Seminary)

레오나드 J. 반더 제(Leonard J. Vander Zee, CRC staff)

찰스 화이트(Charles White, RCA staff)

주기도문을 포함한 이 교리문답 전반에 걸쳐 사용된 성경 구절
들은 NRSV(New Revised Standard Version of the Bible, 한글 번역은 개역개
정)에서 인용했음을 밝힌다.

제1문 사나 죽으나 당신의 유일한 위로는 무엇입니까?

답 나는 내 것이 아니고[1]

사나 죽으나 몸과 영혼이[2]
나의 신실하신 구주 예수 그리스도의 것입니다.[3]

그리스도께서는 보배로운 피를 흘려
내 모든 죄의 대가를 온전히 치르셨고[4]
마귀의 권세에서 나를 자유롭게 하셨습니다.[5]
또한 그리스도께서는 하늘에 계신 내 아버지의 뜻이 아니면[6]
머리카락 하나라도
내 머리에서 떨어지지 않게 할 만큼
나를 항상 지켜주십니다.[7]
참으로 모든 일이 합력하여 나의 구원을 이룹니다.[8]

나는 그리스도의 것이기에
그리스도께서는 성령으로 말미암아
나에게 영생을 확신하게 하시며[9]
지금부터 마음을 다하여 기꺼이 주를 위해
살도록 하십니다.[10]

제2문 이러한 위로를 누리며 살다가 죽기 위해서는 무엇을 알아야
합니까?

제1문 **1.** 고전 6:19-20 **2.** 롬 14:7-9 **3.** 고전 3:23; 딛 2:14 **4.** 벧전 1:18-19; 요일 1:7-9; 2:2 **5.** 요 8:34-36; 히 2:14-15; 요일 3:1-11 **6.** 마 10:29-31; 눅 21:16-18 **7.** 요 6:39-40; 10:27-30; 살후 3:3; 벧전 1:5 **8.** 롬 8:28 **9.** 롬 8:15-16;

답 세 가지를 알아야 합니다.

첫째, 나의 죄와 비참함이 얼마나 큰가[1]

둘째, 내가 어떻게 나의 모든 죄와 비참함에서 구원을 받는가[2]

셋째, 나를 구원하신 하나님께 어떻게 감사를 드릴 것인가

하는 것입니다.[3]

제1부 인간의 비참함

제2주일

제3문 당신이 비참한 상태에 있는 것을 어떻게 알 수 있습니까?

답 하나님의 율법을 통해서 압니다.[1]

제4문 하나님의 율법이 우리에게 요구하는 것은 무엇입니까?

답 그리스도께서 마태복음 22:37-40에서 이렇게 요약해서 가르쳐

주십니다.

"네 마음을 다하고 목숨을 다하고 뜻을 다하여[1]

주 너의 하나님을 사랑하라 하셨으니

이것이 크고 첫째 되는 계명이요."

"둘째도 그와 같으니 네 이웃을 네 자신 같이 사랑하라[2] 하셨으니

이 두 계명이 온 율법과 선지자의 강령이니라."

고후 1:21-22; 5:5; 엡 1:13-14 **10.** 롬 8:1-17 **제2문 1.** 롬 3:9-10; 요일 1:10 **2.** 요 17:3; 행 4:12; 10:43 **3.** 마 5:16;
롬 6:13; 엡 5:8-10; 딤후 2:15; 벧전 2:9-10 **제3문 1.** 롬 3:20; 7:7-25 **제4문 1.** 신 6:5 **2.** 레 19:18

제5문 당신은 이 모든 계명을 완전하게 지킬 수 있습니까?

답 아닙니다.[1]

나는 본성적으로 하나님과 내 이웃을 미워하는 성향이 있습니다.[2]

제3주일

제6문 하나님께서 사람을 이렇게 악하고 불의하게 창조하셨습니까?

답 아닙니다.

하나님께서는 사람을 선하게[1] 자신의 형상을 따라[2]

곧 참된 의와 거룩함으로 창조하셨습니다.[3]

그리하여 사람이 창조주 하나님을 바르게 알고[4]

온 맘으로 하나님을 사랑하며

영원히 행복하게 하나님과 함께 살면서

하나님께 찬송과 영광을 돌리도록 하셨습니다.[5]

제7문 그렇다면 사람의 타락한 본성은 어디에서 왔습니까?

답 우리의 첫 조상인 아담과 하와가

낙원에서 불순종하여 타락한 데서 옵니다.[1]

그 결과 우리의 본성이 심히 부패하여[2]

우리는 모두 죄 중에 잉태되고 태어납니다.[3]

제8문 그렇다면 우리는 너무나 부패하여 어떠한 선도 행할 수 없으며

제5문 **1.** 롬 3:9-20, 23; 요일 1:8, 10 **2.** 창 6:5; 렘 17:9; 롬 7:23-24; 8:7; 엡 2:1-3; 딛 3:3   제6문 **1.** 창 1:31 **2.** 창 1:26-27 **3.** 엡 4:24 **4.** 골 3:10 **5.** 시 8편   제7문 **1.** 창 3장 **2.** 롬 5:12, 18-19 **3.** 시 51:5

모든 악으로 기울어질 뿐입니까?

답 하나님의 성령으로 거듭나지 않는 한[1]

그렇습니다.[2]

제4주일

제9문 우리가 도무지 행할 수 없는 것을 하나님께서 율법을 통해

요구하시는 것은 부당하지 않습니까?

답 아닙니다.

하나님께서는 율법을 준행할 능력이 있는 존재로

사람을 창조하셨습니다.[1]

그러나 사람이 마귀의 유혹에 빠져[2]

고의로 하나님께 불순종함으로[3]

자신은 물론 그의 모든 후손까지

이런 선물들을 잃어버린 것입니다.[4]

제10문 하나님께서는 그런 불순종과 반역을 벌하지 않고 간과하십

니까?

답 전혀 그렇지 않습니다.

하나님께서는 우리가 개인적으로 짓는 죄뿐 아니라

태어날 때부터 가지고 있는 원죄에 대해서도 맹렬히 진노하십니다.

제8문 1. 요 3:3-5 2. 창 6:5; 8:21; 욥 14:4; 사 53:6 제9문 1. 창 1:31; 엡 4:24 2. 창 3:13; 요 8:44 3. 창 3:6 4. 롬 5:12, 18, 19

의로운 재판장이신 하나님은

이제와 영원토록 죄를 처벌하십니다.[1]

하나님께서는 다음과 같이 선언하셨습니다.

"누구든지 율법 책에 기록된 대로 모든 일을 항상 행하지 아니하는 자는

저주 아래에 있는 자라."[2]

제11문 하지만 하나님은 또한 자비하신 분이 아닙니까?

답 하나님은 자비하신 분이지만[1]

또한 공의로우신 분입니다.[2]

하나님의 공의는

죄, 곧 지극히 높으신 하나님의 위엄을 거스르는 것에 대해

최고의 형벌, 곧 몸과 영혼에 영원히 형벌을 내리십니다.[3]

제2부 인간의 구원

제5주일

제12문 하나님의 의로운 심판에 따르면 우리는 이제와 영원토록 형벌을 받아 마땅합니다. 어떻게 하면 이런 형벌을 받지 않고 하나님의 은혜를 입을 수 있습니까?

답 하나님께서는 자신의 공의가 충족하기를 요구하시기[1] 때문에

우리 스스로든 다른 사람을 통해서든

제10문 **1.** 출 34:7; 시 5:4-6; 나 1:2; 롬 1:18; 엡 5:6; 히 9:27 **2.** 갈 3:10; 신 27:26 제11문 **1.** 출 34:6-7; 시 103:8-9 **2.** 출 34:7; 신 7:9-11; 시 5:4-6; 히 10:30-31 **3.** 마 25:35-46 제12문 **1.** 출 23:7; 롬 2:1-11

이 공의의 요구를 완전히 충족시켜야 합니다.[2]

제13문 우리 스스로 이 죗값을 치를 수 있습니까?
답 전혀 그럴 수 없습니다.
   오히려 날마다 우리의 죄를 더해 갈 뿐입니다.[1]

제14문 다른 피조물이 우리를 대신해 죗값을 치를 수 있습니까?
답 없습니다.
   우선 하나님은 인간의 죄 때문에 다른 피조물을 벌하지 않으십니다.[1]
   더구나 어떤 피조물도 죄에 대한
   하나님의 영원한 진노의 무게를 감당할 수 없고
   다른 피조물을 구원할 수도 없습니다.[2]

제15문 우리는 어떤 중보자와 구원자를 기대해야 합니까?
답 참 사람이시며[1]
   진실로 의로우시면서도[2]
   모든 피조물보다 능력이 뛰어나신
   참 하나님이셔야 합니다.[3]

제6주일

제16문 중보자가 참 사람이면서 진실로 의로우셔야 하는 이유는

---

2. 사 53:11; 롬 8:3-4   제13문 1. 마 6:12; 롬 2:4-5   제14문 1. 겔 18:4, 20; 히 2:14-18   2. 시 49:7-9; 130:3   제15문 1. 롬
1:3; 고전 15:21; 히 2:17   2. 사 53:9; 고후 5:21; 히 7:26   3. 사 7:14; 9:6; 렘 23:6; 요 1:1

무엇입니까?

답 하나님의 공의는

죄를 지은 사람이 죗값을 치르도록 요구하지만[1]

죄인인 인간은 결코 다른 사람의 죗값을 치를 수 없기 때문입니다.[2]

제17문 중보자가 또한 참 하나님이셔야 하는 이유는 무엇입니까?

답 중보자가 신적인 능력으로

하나님의 진노를 몸소 짊어지시고

우리를 위해 의와 생명을 획득하여

우리에게 회복시켜 주시기 위함입니다.[1]

제18문 그렇다면 참 하나님이시면서 동시에 참 사람이시고 진실로 의로우신 중보자는 누구입니까?

답 우리 주 예수 그리스도이십니다.[1]

그는 우리를 온전히 구원하시고

하나님 앞에서 의롭게 하시려고 우리에게 오셨습니다.[2]

제19문 당신은 이 사실을 어떻게 알 수 있습니까?

답 거룩한 복음을 통해서 압니다.

하나님께서는 낙원에서 이미 이 복음을 계시하셨고[1]

그 후에는 거룩한 족장들과[2] 선지자들을[3] 통해 선포하셨고

율법의 의식과 희생 제사를 통해 예표하셨으며[4]

제16문 **1**. 롬 5:12, 15; 고전 15:21; 히 2:14-16 **2**. 히 7:26-27; 벧전 3:18 제17문 **1**. 사 53장; 요 3:16; 고후 5:21 제18문 **1**. 마 1:21-23; 눅 2:11; 딤전 2:5 **2**. 고전 1:30 제19문 **1**. 창 3:15 **2**. 창 22:18; 49:10 **3**. 사 53; 렘 23:5-6; 미 7:18-20; 행 10:43; 히 1:1-2 **4**. 레 1-7장; 요 5:46; 히 10:1-10

마침내 사랑하는 독생자를 통해 성취하셨습니다.[5]

**제20문 아담 안에서 모든 사람이 타락한 것처럼 그리스도 안에서
모든 사람이 구원을 얻습니까?**
답 아닙니다.
　참된 믿음으로 그리스도께 접붙여져서
　그의 모든 은택을 받은 사람들만이 구원을 얻습니다.[1]

제21문 참된 믿음이란 무엇입니까?
답 참된 믿음이란
　하나님께서 성경에 계시하신 모든 내용을
　내가 진리로 여기는 확실한 지식이며[1]
　또한 전적인 신뢰입니다.[2]
　전적인 신뢰는 복음으로 말미암아[3]
　성령께서 내 안에 창조하신 것으로[4]
　하나님께서 죄 사함과 영원한 의로움과 구원을[5]
　다른 사람들과 함께 나에게도[6]
　값없이 주셨음을 믿는 것입니다.[7]
　이런 것들은 순전한 은혜의 선물로
　그리스도의 공로로 받은 것입니다.

---

5. 롬 10:4; 갈 4:4-5; 골 2:17　제20문 1. 마 7:14; 요 3:16, 18, 36; 롬 11:16-21　제21문 1. 요 17:3, 17; 히 11:1-3; 약 2:19
2. 롬 4:18-21; 5:1; 10:10; 히 4:14-16　3. 롬 1:16; 10:17; 고전 1:21　4. 마 16:15-17; 요 3:5; 행 16:14　5. 롬 1:17; 히 10:10
6. 갈 2:20　7. 롬 3:21-26; 갈 2:16; 엡 2:8-10

제22문 그렇다면 그리스도인이 믿어야 할 것은 무엇입니까?

답 복음으로 우리에게 약속하신 모든 것을 믿어야 합니다.[1]
보편적이고 의심의 여지가 없는 기독교 신앙의 내용인 사도신경이
복음을 요약하여 우리에게 가르쳐 줍니다.

제23문 사도신경이 말하는 기독교 신앙의 내용은 무엇입니까?

답 전능하사 천지를 만드신 하나님 아버지를 내가 믿사오며

그 외아들 우리 주 예수 그리스도를 믿사오니
이는 성령으로 잉태하사 동정녀 마리아에게 나시고
본디오 빌라도에게 고난을 받으사 십자가에 못 박혀 죽으시고
장사한 지(장사되어 음부에 내려가신 지) 사흘 만에
죽은 자 가운데서 다시 살아나시며
하늘에 오르사 전능하신 하나님 우편에 앉아 계시다가
저리로서 산 자와 죽은 자를 심판하러 오시리라.

성령을 믿사오며
거룩한 공회와
성도가 서로 교통하는 것과
죄를 사하여 주시는 것과
몸이 다시 사는 것과
영원히 사는 것을 믿사옵나이다. 아멘.

제22문 1. 마 28:18-20; 요 20:30-31

제24문 사도신경의 내용은 어떻게 나누어집니까?

답 세 부분으로 나누어집니다.

　성부 하나님과 우리의 창조에 관한 것

　성자 하나님과 우리의 구원에 관한 것

　성령 하나님과 우리의 성화에 관한 것입니다.

제25문 하나님은 오직 한분이신데,[1] 왜 당신은 성부, 성자, 성령 세 위격을 말합니까?

답 하나님께서 친히 말씀으로 그렇게 계시하셨기 때문입니다.[2]

　이 구별된 삼위는 한분이시며 참되고 영원하신 하나님이십니다.

성부 하나님

제9주일

제26문 "전능하사 천지를 만드신 하나님 아버지를 내가 믿사오며"라고 고백할 때 당신은 무엇을 믿습니까?

답 우리는 우리 주 예수 그리스도의 영원한 아버지를 믿습니다.

　그는 무로부터 하늘과 땅과 그 안에 있는 모든 만물을 창조하셨고[1]

　지금도 자신의 영원한 경륜과 섭리로써

제25문 **1.** 신 6:4; 고전 8:4, 6　**2.** 마 3:16-17; 28:18-19; 눅 4:18(사 61:1); 요 14:26; 15:26; 고후 13:14; 갈 4:6; 딛 3:5-6
제26문 **1.** 창 1-2장; 출 20:11; 시 33:6; 사 44:24; 행 4:24; 14:15

만물을 보존하시고 다스리심을 믿습니다.[2]

그의 아들 그리스도로 말미암아

이 하나님께서 나의 하나님과 아버지가 되심을 믿습니다.[3]

나는 하나님을 신뢰하기에

하나님께서 나의 몸과 영혼에 필요한 모든 것을 채워 주시며[4]

이 슬픈 세상에서 나에게 주시는 그 어떤 역경도

나에게 선이 되게 하실 것을 의심하지 않습니다.[5]

하나님은 전능하시기에 능히 그렇게 하실 수 있고[6]

신실하신 아버지이시기에 그렇게 하기를 원하십니다.[7]

제10주일

제27문 하나님의 섭리란 무엇입니까?

답 섭리란 전능하시고 무소 부재하신 하나님의 능력으로[1]

　하나님께서 마치 손으로 하시듯

　천지 만물을 붙드시고 다스리시는 것을 말합니다.[2]

　그리하여 나뭇잎과 풀잎

　비와 가뭄

　풍년과 흉년

　먹을 것과 마실 것

　건강과 질병

---

2. 시 104; 마 6:30; 10:29; 엡 1:11 3. 요 1:12–13; 롬 8:15–16; 갈 4:4–7; 엡 1:5 4. 시 55:22; 마 6:25–26; 눅 12:22–31 5. 롬 8:28 6. 창 18:14; 롬 8:31–39 7. 마 7:9–11 **제27문** 1. 렘 23:23–24; 행 17:24–28 2. 히 1:3

부와 가난 등[3]

참으로 이 모든 것은 우연이 아니라[4]

하나님 아버지의 자애로운 손길로부터 우리에게 임합니다.[5]

제28문 하나님의 창조와 섭리를 앎으로 우리가 얻는 유익은 무엇입니까?

답 역경 중에도 인내할 수 있고[1]

형통할 때도 감사할 수 있으며[2]

장래 일에 대해서도

우리의 신실하신 하나님 아버지를 굳게 신뢰하기에

그 어떤 피조물도 우리를 하나님의 사랑에서

끊을 수 없다는 것을 확신합니다.[3]

모든 피조물이 온전히 하나님의 손안에 있으므로

하나님의 뜻이 아니고는

아무 일도 일어날 수 없습니다.[4]

성자 하나님

제11주일

제29문 왜 하나님의 아들을 "구주"라는 뜻을 가진 "예수"라고 부릅니까?

답 그가 우리를 죄에서 구원하시기 때문이고[1]

다른 누구에게서도 이런 구원은 찾을 수 없고

3. 렘 5:24; 행 14:15-17; 요 9:3; 잠 22:2 4. 잠 16:33 5. 마 10:29 제28문 1. 욥 1:21-22; 약 1:3 2. 신 8:10; 살전 5:18
3. 시 55:22; 롬 5:3-5; 8:38-39 4. 욥 1:12; 2:6; 잠 21:1; 행 17:24-28 제29문 1. 마 1:21; 히 7:25

찾아서도 안 되기 때문입니다.[2]

제30문 구원을 얻기 위해 성인들이나 자기 자신, 혹은 다른 곳에서 구원을 찾는 사람들도 유일하신 구주 예수님을 믿는 것입니까?
답 아닙니다.
　　그들은 말로는 예수님이 유일한 구주라고 자랑하지만
　　행위로는 부인하는 것입니다.[1]

　　예수님이 완전한 구주가 아니든지
　　아니면 참된 믿음으로 예수님을 영접한 사람이
　　구원에 필요한 모든 것을
　　그 안에서만 얻든지 둘 중 하나입니다.[2]

제12주일

제31문 왜 예수님을 "기름 부음을 받은 자"라는 의미인 "그리스도"라고 부릅니까?
답 예수님을 성부 하나님께서 임명하시고
　　성령께서 기름을 부으심으로[1]
　　그는 우리의 최고의 선지자와 교사가 되셔서[2]
　　우리의 구원에 관한 하나님의 신비한 경륜과 뜻을
　　우리에게 온전히 계시하십니다.[3]

---

2. 사 43:11; 요 15:5; 행 4:11-12; 딤전 2:5　**제30문 1.** 고전 1:12-13; 갈 5:4　**2.** 골 1:19-20; 2:10; 요일 1:7　**제31문 1.** 눅 3:21-22; 4:14-19(사 61:1); 히 1:9(시 45:7)　**2.** 행 3:22(신 18:15)　**3.** 요 1:18; 15:15

그는 우리의 유일한 대제사장이 되셔서[4]

자기 몸을 단번에 제물로 드려 우리를 구원하시고[5]

계속해서 우리를 위해 성부 하나님께 간구하십니다.[6]

그는 우리의 영원한 왕이 되셔서[7]

그의 말씀과 성령으로 우리를 다스리시고

우리를 위해 친히 얻으신 자유를 누리도록

우리를 지키고 보호하십니다.[8]

제32문 그러면 왜 당신은 그리스도인이라고 불립니까?

답 믿음으로 나는 그리스도의 지체가 되어[1]

그의 기름 부으심에 참여하기[2] 때문입니다.

내가 기름 부음을 받음으로써

그의 이름을 고백하고[3]

나 자신을 감사의 산 제물로 드리며[4]

이 땅에 사는 동안

자유로운 양심으로 죄와 마귀에 대항하여 싸우고[5]

장차 그리스도와 함께 영원히 만물을 다스릴 것입니다.[6]

제13주일

제33문 우리도 하나님의 자녀인데, 왜 그를 "하나님의 독생자"라고

---

4. 히 7:17(시 110:4) **5.** 히 9:12; 10:11-14 **6.** 롬 8:34; 히 9:24 **7.** 마 21:5(슥 9:9) **8.** 마 28:18-20; 요 10:28; 계 12:10-11 제32문 **1.** 고전 12:12-27 **2.** 행 2:17(욜 2:28); 요일 2:27 **3.** 마 10:32; 롬 10:9-10; 히 13:15 **4.** 롬 12:1; 벧전 2:5, 9 **5.** 갈 5:16-17; 엡 6:11; 딤전 1:18-19 **6.** 마 25:34; 딤후 2:12

부릅니까?

답 그리스도만이 본질상 영원하신 하나님의 아들이기 때문입니다.[1]

　하지만 우리는 그리스도로 말미암아 은혜로 입양된
　하나님의 자녀입니다.[2]

제34문 왜 그리스도를 "우리 주"라고 부릅니까?

답 그리스도께서 은이나 금이 아니라

　그의 보배로운 피로[1]
　우리를 죄와 마귀의 권세에서 자유롭게 하셨으며[2]
　우리의 몸과 영혼 모두를
　자신의 소유로 삼으셨기 때문입니다.[3]

제14주일

제35문 "성령으로 잉태하사 동정녀 마리아에게 나시고"라는 고백은
무엇을 의미합니까?

답 지금부터 영원까지

　참되고 영원한 하나님이신 예수 그리스도는
　영원한 하나님의 아들로서[1]
　성령의 역사로 말미암아[2]
　동정녀 마리아의 살과 피로부터[3]
　참된 인성을 취하시고

제33문 1. 요 1:1-3, 14, 18; 히 1장 2. 요 1:12; 롬 8:14-17; 엡 1:5-6 　제34문 1. 벧전 1:18-19 2. 골 1:13-14; 히 2:14-15 3. 고전 6:20; 딤전 2:5-6 　제35문 1. 요 1:1; 10:30-36; 행 13:33(시 2:7); 골 1:15-17; 요일 5:20 2. 눅 1:35 3. 마 1:18-23; 요 1:14; 갈 4:4; 히 2:14

다윗의 진정한 후손이 되셨다는 뜻입니다.[4]

모든 면에서 그의 형제들과 같이 되셨으나[5]

죄는 없으십니다.[6]

제36문 그리스도의 거룩한 잉태와 탄생으로 당신은 어떤 유익을 얻습니까?

답 그리스도께서 우리의 중보자가 되셔서[1]

　내가 잉태될 때부터 가지고 있는 나의 죄를

　그의 순전함과 온전한 거룩함으로

　하나님 앞에서 가려 주십니다.[2]

제15주일

제37문 "고난을 받으사"라는 고백은 무엇을 의미합니까?

답 그리스도께서 이 땅에 사셨던 모든 기간에

　특별히 생의 마지막 시기에

　온 인류의 죄에 대한 하나님의 진노를

　자신의 몸과 영혼으로 감당하셨다는 것입니다.[1]

　그는 우리를 위한 유일한 속죄 제물로서

　고난을 겪으심으로[2] 우리의 몸과 영혼을

　영원한 저주로부터 구원하시고[3]

　우리를 위해 하나님의 은혜와 의와 영생을 획득하셨습니다.[4]

4. 삼하 7:12-16; 시 132:11; 마 1:1; 롬 1:3　**5.** 빌 2:7; 히 2:17　**6.** 히 4:15; 7:26-27　제36문 **1.** 딤전 2:5-6; 히 9:13-15
2. 롬 8:3-4; 고후 5:21; 갈 4:4-5; 벧전 1:18-19　제37문 **1.** 사 53장; 벧전 2:24; 3:18　**2.** 롬 3:25; 히 10:14; 요일 2:2; 4:10
3. 롬 8:1-4; 갈 3:13　**4.** 요 3:16; 롬 3:24-26

제38문 재판장 "본디오 빌라도에게" 고난을 받으신 이유는 무엇입니까?

답 그리스도는 죄가 없는 분이시지만
　이 세상의 재판장에게 정죄를 받으셨습니다.[1]
　이는 우리에게 임할 하나님의 엄중한 심판에서
　우리를 구원하시기 위함입니다.[2]

제39문 그리스도께서 다른 방식이 아니라 "십자가에 못 박혀" 돌아가신 특별한 이유가 있습니까?

답 그렇습니다.
　십자가에 달린 자는
　하나님의 저주를 받은 것이기에[1]
　그의 죽으심으로 나는 내가 받을 저주를
　그리스도께서 대신 받으셨다는 것을 확신합니다.

제16주일

제40문 왜 그리스도께서는 죽음을 겪으셔야 했습니까?

답 하나님의 공의와 진리가 그것을 요구했기 때문입니다.[1]
　하나님의 아들의 죽으심 외에는
　어떤 것으로도 우리의 죗값을 치를 수 없습니다.[2]

제41문 그리스도께서 "장사 된" 이유는 무엇입니까?

제38문 1. 눅 23:13-24; 요 19:4, 12-16 2. 사 53:4-5; 고후 5:21; 갈 3:13   제39문 1. 갈 3:10-13(신 21:23)   제40문 1. 창 2:17 2. 롬 8:3-4; 빌 2:8; 히 2:9

222

답 그리스도께서 진실로 돌아가셨다는 사실을 증언하기 위함입니다.[1]

제42문 그리스도께서 우리를 대신해 돌아가셨는데 왜 우리는 여전히 죽어야 합니까?
답 우리의 죽음은 우리의 죄로 인한 대가가 아닙니다.[1]
  죽음은 우리가 죄짓는 것을 멈추고
  영생으로 들어가게 하는 문입니다.[2]

제43문 십자가에서 돌아가신 그리스도의 희생으로부터 우리가 누리는 또 다른 유익은 무엇입니까?
답 그리스도의 능력으로
  우리의 옛 자아가 그리스도와 함께
  십자가에 못 박혀 죽고 장사 됨으로[1]
  육체의 악한 정욕은
  더 이상 우리를 지배하지 못하게 되며[2]
  우리 자신을 감사의 제물로 그리스도께 드리게 됩니다.[3]

제44문 사도신경에 "음부에 내려가셨으며"라는 말을 덧붙인 이유는 무엇입니까?
답 내가 깊은 두려움과 유혹에 빠질 때
  주 예수 그리스도께서 이 땅에 계시는 동안
  특별히 십자가 위에서

제41문 1. 사 53:9; 요 19:38-42; 행 13:29; 고전 15:3-4 제42문 1. 시 49:7 2. 요 5:24; 빌 1:21-23; 살전 5:9-10 제43문 1. 롬 6:5-11; 골 2:11-12 2. 롬 6:12-14 3. 롬 12:1; 엡 5:1-2

말할 수 없는 번민과 고통과 영혼의 두려움을 당하심으로
지옥의 번민과 고통에서 나를 구원하셨음을 확신하게 하려는 것입니다.[1]

제17주일

제45문 그리스도의 부활로 우리가 얻는 유익은 무엇입니까?

답 첫째, 그리스도께서 부활하심으로 죽음을 이기셨기에
그의 죽으심으로 우리를 위해 얻으신 의에 우리가 참여하게 하십니다.[1]

둘째, 그의 능력으로
우리 또한 이미 새로운 생명으로 다시 태어났습니다.[2]

셋째, 그리스도의 부활은
우리가 누릴 복된 부활에 대한 확실한 보증입니다.[3]

제18주일

제46문 "하늘에 오르사"라는 말은 무엇을 의미합니까?

답 그리스도께서 제자들이 보는 가운데
이 땅에서 하늘로 들려 올라가셨고[1]
산 자와 죽은 자를 심판하러 다시 오실 때까지[2]
우리를 위해 그곳에 계신다는 뜻입니다.[3]

제44문 **1.** 사 53장; 마 26:36-46; 27:45-46; 눅 22:44; 히 5:7-10   제45문 **1.** 롬 4:25; 고전 15:16-20; 벧전 1:3-5 **2.** 롬 6:5-11; 엡 2:4-6; 골 3:1-4   **3.** 롬 8:11; 고전 15:12-23; 빌 3:20-21   제46문 **1.** 눅 24:50-51; 행 1:9-11   **2.** 행 1:11 **3.** 롬 8:34; 엡 4:8-10; 히 7:23-25; 9:24

제47문 그러나 그리스도께서는 세상 끝날까지 우리와 함께하겠다고 약속하지 않으셨습니까?[1]

답 그리스도는 참 사람이시며 참 하나님이십니다.

  인성으로서 그리스도께서는 이 땅에 계시지 않지만[2]
  그의 신성과 위엄과 은혜와 성령으로서
  그리스도께서는 한순간도 우리를 떠나 계시지 않습니다.[3]

제48문 그리스도의 신성이 계신 곳에 그의 인성이 계시지 않는다면,
그리스도의 두 본성이 서로 나뉜 것이 아닙니까?

답 전혀 그렇지 않습니다.

  신성은 제한을 받지 않고 어디에나 계시기 때문에[1]
  그리스도의 신성은 그가 취하신 인성의 한계를 초월하여 계실 뿐 아니라
  이 인성 가운데 계시고
  인성과 인격적으로 연합하여 계십니다.[2]

제49문 그리스도의 승천으로 우리가 누리는 유익은 무엇입니까?

답 첫째, 승천하신 그리스도께서는 우리의 대언자로서
  하나님 아버지 앞에서 우리를 위해 간구하십니다.[1]

  둘째, 우리의 몸이 그리스도 안에서 하늘에 있다는 말이며
  이는 우리의 머리 되신 그리스도께서
  그의 지체인 우리를 하늘로 데려가실 것에 대한 보증입니다.[2]

제47문 1. 마 28:20 2. 행 1:9-11; 3:19-21 3. 마 28:18-20; 요 14:16-19 제48문 1. 렘 23:23-24; 행 7:48-49(사 66:1) 2. 요 1:14; 3:13; 골 2:9 제49문 1. 롬 8:34; 요일 2:1 2. 요 14:2; 17:24; 엡 2:4-6

셋째, 그리스도께서는 이에 대한 보증으로
이 땅에서 살아가는 우리에게 성령을 보내십니다.[3]
성령의 능력으로
우리는 이 땅의 것들을 추구하지 않고
그리스도께서 하나님의 우편에 앉아 계시는
하늘의 것을 추구합니다.[4]

제19주일

제50문 그다음에 "하나님 우편에 앉아 계시다가"라는 말이 나오는 이유는
무엇입니까?
답 그리스도께서 하늘에 오르신 것은
거기서 자신을 교회의 머리로 나타내시기 위함이며[1]
하나님 아버지께서는 그리스도를 통해 만물을 다스리시기 때문입니다.[2]

제51문 우리의 머리 되신 그리스도의 이와 같은 영광이 우리에게 주는
유익은 무엇입니까?
답 첫째, 그리스도께서는 성령을 통해
그의 지체인 우리에게 하늘의 은사들을 부어 주십니다.[1]

둘째, 그의 권능으로
우리를 모든 원수에게서 보호하시고 지켜 주십니다.[2]

---

3. 요 14:16; 고후 1:21-22; 5:5 **4.** 골 3:1-4 **제50문 1.** 엡 1:20-23; 골 1:18 **2.** 마 28:18; 요 5:22-23 **제51문 1.** 행 2:33; 엡 4:17-12 **2.** 시 110:1-2; 요 10:27-30; 계 19:11-16

제52문 "산 자와 죽은 자를 심판하러" 그리스도께서 다시 오신다는 사실로부터 당신이 얻는 위로는 무엇입니까?

답 어떤 환란이나 핍박을 받더라도

나는 머리를 들어

이미 나를 대신해 하나님의 심판을 당하심으로

나에게서 모든 저주를 제거하신

바로 그 재판장을 확신 있게 기다립니다.[1]

그리스도께서는 자신과 나의 모든 원수를

영원한 멸망으로 처벌하실 것이지만

나를 비롯한 그의 택하신 모든 사람은

그에게로 인도하셔서 하늘의 기쁨과 영광을 누리게 하실 것입니다.[2]

성령 하나님

제20주일

제53문 성령에 대하여 당신은 무엇을 믿습니까?

답 첫째, 성령은 성부와 성자와 더불어 참되고 영원한 하나님이십니다.[1]

둘째, 성령은 나에게도 임하셔서[2]

참 믿음으로

그리스도 안에서 그의 모든 은택에 참여하게 하시고[3]

제52문 **1.** 눅 21:28; 롬 8:22-25; 빌 3:20-21; 딛 2:13-14 **2.** 마 25:31-46; 살후 1:6-10　제53문 **1.** 창 1:1-2; 마 28:19; 행 5:3-4 **2.** 고전 6:19; 고후 1:21-22; 갈 4:6 **3.** 갈 3:14

나를 위로하시며[4]

영원토록 나와 함께 계십니다.[5]

제21주일

제54문 "거룩한 공회"에 대하여 당신은 무엇을 믿습니까?

답 하나님의 아들께서

창세로부터 세상 끝날까지[1]

온 인류 가운데서[2]

영생을 주기 위해 택하시고[3]

참된 믿음 안에서 하나가 되게 하신[4] 교회를

그의 말씀과 성령으로[5]

모으시고, 보호하시고, 보존하십니다.[6]

나도 이 교회의 살아 있는 지체이며[7]

영원토록 그 일원으로 남아 있을 것입니다.[8]

제55문 "성도가 서로 교통하는 것"이란 당신에게 무엇을 뜻합니까?

답 첫째, 모든 성도는 각자 이 교회의 지체로서

그리스도 안에서 그의 모든 부요함과 은사를 공유한다는 것입니다.[1]

둘째, 각 성도는 그리스도께서 주신 은사를

다른 지체를 섬기고 풍요롭게 하는 일에

---

4. 요 15:26; 행 9:31 5. 요 14:16-17; 벧전 4:14 제54문 1. 사 59:21; 고전 11:26 2. 창 26:3b-4; 계 5:9 3. 롬 8:28-30; 엡 1:3-14 4. 행 2:42-47; 엡 4:1-6 5. 요 10:14-16; 행 20:28; 롬 10:14-17; 골 1:18 6. 마 16:18; 요 10:28-30 7. 요일 3:14, 19-21 8. 요 10:27-28; 고전 1:4-9; 벧전 1:3-5 제55문 1. 롬 8:32; 고전 6:17; 12:4-7, 12-13; 요일 1:3

기꺼이 기쁨으로 사용해야 한다는 것입니다.[2]

제56문 "죄를 사하여 주시는 것"에 대하여 당신은 무엇을 믿습니까?

답 그리스도의 대속으로
내가 지은 죄와[1]
평생 내가 싸워야 할 죄악 된 본성을
하나님께서는 기억하지 않으실 뿐 아니라[2]

오히려 은혜로
나에게 그리스도의 의를 덧입혀 주셔서
영원토록 나를 심판에서 자유롭게 하실 줄 믿습니다.[3]

제22주일

제57문 "몸이 다시 사는 것"은 당신에게 어떤 위로를 줍니까?

답 이 생애가 끝나면 나의 영혼은
교회의 머리이신 그리스도께로 즉시 올려질 것이며[1]
나의 몸도 그리스도의 능력으로 살리심을 받아
내 영혼과 다시 결합하여
그리스도의 영화로운 몸과 같이 될 것입니다.[2]

제58문 "영원히 사는 것"은 당신에게 어떤 위로를 줍니까?

---

2. 롬 12:4-8; 고전 12:20-27; 13:1-7; 빌 2:4-8　제56문 1. 시 103:3-4, 10, 12; 미 7:18-19; 고후 5:18-21; 요일 1:7; 2:2
2. 롬 7:21-25　3. 요 3:17-18; 롬 8:1-2　제57문 1. 눅 23:43; 빌 1:21-23　2. 고전 15:20, 42-46, 54; 빌 3:21; 요일 3:2

답 마음으로 이미 영원한 즐거움을 누리기 시작한 것처럼[1]

　이 생애가 끝난 후에도

　눈으로 보지 못했고, 귀로도 듣지 못했고

　사람의 마음으로도 생각하지 못했던

　완전한 복락을 누리며

　하나님을 영원히 찬양할 것입니다.[2]

제23주일

제59문 이 모든 것을 믿음으로 당신이 얻는 유익은 무엇입니까?

답 그리스도 안에서 나는 하나님 앞에 의로운 자가 되며

　영생의 상속자가 됩니다.[1]

제60문 당신은 어떻게 하나님 앞에서 의롭게 됩니까?

답 오직 예수 그리스도를 믿는 참된 믿음을 통해서만 의롭게 됩니다.[1]

　비록 나의 양심은

　내가 하나님의 모든 계명을 거슬러 큰 죄를 지었고

　그 계명 중에 하나도 제대로 준행한 적이 없으며[2]

　여전히 악으로 치우칠 뿐이라고[3] 고소하지만

　하나님께서는

　나에게 아무런 공로가 없음에도 불구하고[4]

제58문 1. 롬 14:17 2. 요 17:3; 고전 2:9 제59문 1. 요 3:36; 롬 1:17(합 2:4); 롬 5:1-2 제60문 1. 롬 3:21-28; 갈 2:16; 엡 2:8-9; 빌 3:8-11 2. 롬 3:9-10 3. 롬 7:23 4. 딛 3:4-5

순전히 은혜로[5]

그리스도의 완전한 대속과 의와 거룩함을 베푸사[6]

나의 것으로 여기시고

마치 내가 전혀 죄지은 적도 없고 죄인이지도 않았던 것처럼

그리스도께서 나를 대신해 이루신 완전한 순종을

내가 성취한 것으로 여기십니다.[7]

내가 할 일은

믿는 마음으로 이 선물을 받는 것입니다.[8]

제61문 오직 믿음으로만 의롭게 된다는 것은 무슨 뜻입니까?

답 나의 믿음이 가치가 있어서

하나님을 기쁘시게 하는 것이 아닙니다.

오직 그리스도의 대속과 의와 거룩함만이

나를 하나님 앞에서 의롭게 하고[1]

오직 믿음으로만

그리스도의 의를 받아 내가 의로워지는 것입니다.[2]

제24주일

제62문 우리의 선행이 하나님 앞에서 온전하게 혹은 일부라도 우리의
의가 될 수 없는 이유는 무엇입니까?

---

5. 롬 3:24; 엡 2:8 6. 롬 4:3-5(창 15:6); 고후 5:17-19; 요일 2:1-2 7. 롬 4:24-25; 고후 5:21 8. 요 3:18; 행 16:30-31
제61문 1. 고전 1:30-31 2. 롬 10:10; 요일 5:10-12

답 하나님의 심판을 피할 수 있는 의는

절대적으로 완전해야 하며

모든 면에서 하나님의 율법을 충족시켜야 하기 때문입니다.[1]

하지만 이 땅에 살면서 우리가 하는 가장 선한 일도

불완전하며 죄로 오염되어 있습니다.[2]

제63문 하나님께서 이 세상과 다음 세상에서 우리의 선행에 대해 상을 주시겠다고 약속하셨는데, 어떻게 우리의 선행에 아무런 공로가 없다고 말할 수 있습니까?[1]

답 하나님께서 주시는 상급은 공로로 얻는 것이 아니라

은혜로 받는 선물이기 때문입니다.[2]

제64문 이 가르침 때문에 사람들은 오히려 선행에 무관심해지고 악하게 살지 않겠습니까?

답 아닙니다.

참된 믿음으로 그리스도께 접붙여진 사람은

감사의 열매를 맺지 않을 수 없기 때문입니다.[1]

성례

제25주일

제62문 **1.** 롬 3:20; 갈 3:10(신 27:26) **2.** 사 64:6 제63문 **1.** 마 5:12; 히 11:6 **2.** 눅 17:10; 딤후 4:7-8 제64문 **1.** 눅 6:43-45; 요 15:5

제65문 우리는 믿음을 통해서만 그리스도와 그의 모든 은택에 참여합니다. 그렇다면 이 믿음은 어디에서 오는 것입니까?

답 성령으로부터 옵니다.[1]

성령께서는 거룩한 복음 설교를 통해[2]
우리 마음에 믿음을 일으키시고[3]
성례를 통해 믿음을 확증하십니다.[4]

제66문 성례란 무엇입니까?

답 성례는 눈으로 볼 수 있는 거룩한 표지요 인치심입니다.
성례는 하나님이 제정하신 것으로
성례를 통해 하나님께서는
우리가 복음의 약속을 더욱 분명히 깨닫게 하시고
우리에게 복음의 약속을 확증하십니다.[1]

복음의 약속이란
그리스도께서 십자가에서 이루신 단번의 희생 제사로 말미암아
하나님께서 은혜로
죄 사함과 영생을 우리에게 주신다는 것입니다.[2]

제67문 그렇다면 말씀과 성례는 모두 예수 그리스도께서 십자가에서 단번에 드리신 희생 제사를 구원의 유일한 근거로 믿도록 하기 위한 것입니까?

제65문 1. 요 3:5; 고전 2:10-14 2. 롬 10:17; 벧전 1:23-25 3. 엡 2:8 4. 마 28:19-20; 고전 10:16 제66문 1. 창 17:11; 신 30:6; 롬 4:11 2. 마 26:27-28; 행 2:38; 히 10:10

답 그렇습니다!

　성령께서는 우리의 온전한 구원이

　십자가에서 우리를 위해 그리스도께서 드리신

　단번의 희생 제사에 있다는 사실을

　복음을 통해 가르치시고 성례를 통해 확증하십니다.[1]

제68문 신약성경에서 그리스도께서는 몇 가지의 성례를 제정하셨습니까?

답 세례와 성찬 두 가지입니다.[1]

세례

제26주일

제69문 십자가에서 단번에 드리신 그리스도의 희생 제사가 당신을 유익하게 한다는 사실을 거룩한 세례를 통해 어떻게 깨닫고 확신합니까?

답 그리스도께서 물로 씻는 이 의식을 제정하시고[1]

　물이 몸의 더러움을 씻어내는 것이 분명한 것처럼

　그의 피와 성령으로

　내 영혼의 부정함,

　곧 내 모든 죄를

　깨끗하게 할 것을 약속하셨기 때문입니다.[2]

제67문 1. 롬 6:3; 고전 11:26; 갈 3:27　제68문 1. 마 28:19-20; 고전 11:23-26　제69문 1. 행 2:38　2. 마 3:11; 롬 6:3-10; 벧전 3:21

제70문 그리스도의 피와 성령으로 씻음을 받는다는 것은 무슨 뜻입니까?

답 그리스도의 피로 씻음을 받는다는 것은

십자가의 희생 제사에서 흘린 그리스도의 피로

하나님께서 은혜로 우리 죄를 용서하신다는 뜻입니다.[1]

그리스도의 영으로 씻음을 받는다는 것은

성령께서 우리를 새롭게 하시고

그리스도의 지체로 거룩하게 하셔서

우리가 더욱더 죄에 대해서는 죽고

거룩하고 흠이 없는 삶을 살아가도록 하신다는 뜻입니다.[2]

제71문 세례의 물이 우리 몸을 씻는 것이 분명한 것처럼, 그리스도의
피와 성령으로 우리가 씻음을 받을 것이라고 그리스도께서 어디에서
약속하셨습니까?

답 그리스도께서 세례를 정하실 때

"그러므로 너희는 가서 모든 민족을 제자로 삼아

아버지와 아들과 성령의 이름으로 세례를 베풀고"라고 하셨고[1]

"믿고 세례를 받는 사람은 구원을 얻을 것이요

믿지 않는 사람은 정죄를 받으리라"고 하셨습니다.[2]

성경이 세례를

"중생의 씻음"[3]과 "죄를 씻음"[4]으로 부르는 곳에서도

제70문 1. 슥 13:1; 엡 1:7-8; 히 12:24; 벧전 1:2; 계 1:5 2. 겔 36:25-27; 요 3:5-8; 롬 6:4; 고전 6:11; 골 2:11-12 제71문
1. 마 28:19 2. 막 16:16 3. 딛 3:5 4. 행 22:16

이 약속이 반복됩니다.

제27주일

제72문 물로 우리 몸을 씻는다고 우리 죄도 깨끗하게 됩니까?
답 아닙니다.
　오직 예수 그리스도의 피와 성령만이
　우리를 모든 죄에서 깨끗하게 합니다.[1]

제73문 그렇다면 왜 성령께서는 세례를 "중생의 씻음"과 "죄를 씻음"이라
부르십니까?
답 여기에는 충분한 이유가 있습니다.
　먼저, 하나님께서는
　물로 몸의 더러운 것을 깨끗하게 씻는 것처럼
　그리스도의 피와 성령이 우리 죄를 씻어 준다는 것을
　우리에게 가르쳐 주기를 원하십니다.[1]

　하지만 더 중요한 것은
　물이 우리 몸을 깨끗하게 하는 것처럼
　참으로 우리의 죄가 영적으로 깨끗해졌다는 사실을
　신적인 약속과 표지를 통해
　우리에게 확증해 주기를 원하십니다.[2]

제72문 1. 마 3:11; 벧전 3:21; 요일 1:7　제73문 1. 고전 6:11; 계 1:5; 7:14　2. 행 2:38; 롬 6:3-4; 갈 3:27

제74문 유아들도 세례를 받아야 합니까?

답 그렇습니다.

　어른뿐 아니라 유아도
　하나님의 언약 안에 있는 하나님의 백성입니다.[1]
　어른 못지않게 유아도
　그리스도의 피를 통해 죄에서 구원받는 것과
　믿음을 주시는 성령을 약속받았습니다.[2]

　그러므로 언약의 표지인 세례를 통해 유아도
　그리스도의 교회에 속하게 되며
　불신자의 자녀들과 구별되어야 합니다.[3]

　구약 시대에는 이 일이 할례를 통해서 이루어졌으나[4]
　신약 시대에 와서는 세례로 대체되었습니다.[5]

예수 그리스도의 성찬

제28주일

제75문 십자가에서 단번에 드리신 그리스도의 희생 제사와 그의 모든
은택에 당신이 참여한 것을 성찬은 어떻게 상기시키고 확증합니까?

답 그리스도께서 나와 모든 성도에게
　성찬의 떡을 먹고 잔을 마심으로

제74문 **1.** 창 17:7; 마 19:14　**2.** 사 44:1-3; 행 2:38-39; 16:31　**3.** 행 10:47; 고전 7:14　**4.** 창 17:9-14　**5.** 골 2:11-13

자신을 기념하라고 명령하셨습니다.

그리고 이렇게 약속하셨습니다.[1]

첫째, 나를 위해 떼신 주의 떡과 나에게 주시는 잔을

내가 눈으로 분명히 보듯이

그리스도의 몸은 나를 위해 드려지고 찢기셨으며

그의 피는 나를 위해 흘리신 것이 분명합니다.

둘째, 그리스도의 몸과 피에 대한 분명한 표지로

주의 떡과 잔을

목회자의 손에서 내가 받아먹고 마시는 것이 확실한 것처럼

그리스도께서 십자가에 못 박히신 몸과 흘리신 피로

내가 영생에 이르도록

내 영혼을 먹이시고 새롭게 하시는 것이 분명합니다.

제76문 십자가에 달리신 그리스도의 몸을 먹고 그 흘리신 피를
마신다는 것은 무엇을 의미합니까?

답 그것은 믿는 마음으로

그리스도의 모든 고난과 죽으심을 받아들이고

그로 말미암은 죄 사함과 영생을 얻는다는 뜻입니다.[1]

더 나아가 그것은

그리스도와 우리 안에 거하시는 성령으로 말미암아

우리가 그리스도의 복된 몸에 연합한다는 뜻입니다.[2]

제75문 1. 마 26:26-28; 막 14:22-24; 눅 22:19-20; 고전 11:23-25   제76문 1. 요 6:35, 40, 50-54   2. 요 6:55-56; 고전 12:13

그래서 그리스도는 하늘에 계시고[3] 우리는 땅에 있을지라도
우리는 그리스도의 살 중의 살이요 뼈 중의 뼈가 되는 것입니다.[4]
그러므로 몸의 각 지체가 한 영혼에 의해 살 듯이
우리도 한 성령으로 말미암아 영원히 살고 그의 다스리심을 받습니다.[5]

제77문 성도들이 떡과 잔을 받아먹고 마실 때 그리스도께서 자기 몸과
피로 그들을 먹이시고 새롭게 하신다는 약속이 어디에 있습니까?
답 성찬을 제정하시면서 친히 이렇게 말씀하셨습니다.

"주 예수께서 잡히시던 밤에
떡을 가지사 축사하시고 떼어 이르시되
이것은 너희를 위하는 [찢긴][14] 내 몸이니
이것을 행하여 나를 기념하라 하시고
식후에 또한 그와 같이 잔을 가지시고 이르시되
이 잔은 내 피로 세운 새 언약이니
이것을 행하여 마실 때마다 나를 기념하라 하셨으니
너희가 이 떡을 먹으며 이 잔을 마실 때마다
주의 죽으심을 그가 오실 때까지 전하는 것이니라."[1]

이 약속을 사도 바울은 이렇게 말합니다.
"우리가 축복하는 바 축복의 잔은
그리스도의 피에 참여함이 아니며
우리가 떼는 떡은 그리스도의 몸에 참여함이 아니냐.

---

3. 행 1:9-11; 고전 11:26; 골 3:1 4. 고전 6:15-17; 엡 5:29-30; 요일 4:13 5. 요 6:56-58; 15:1-6; 엡 4:15-16; 요일 3:24
제77문 1. 고전 11:23-26

떡이 하나요 많은 우리가 한 몸이니
이는 우리가 다 한 떡에 참여함이라."²

제29주일

제78문 성찬 시 떡과 포도주가 실제 그리스도의 몸과 피로 변합니까?
답 아닙니다.
    세례의 물이 그리스도의 피로 변해 죄를 씻는 것이 아니라
    이것에 대한 하나님의 표지요 확증이듯이¹
    성찬의 떡도 성례의 본질과 용어에 부합하게²
    그리스도의 몸이라 부르기는 하지만³
    그리스도의 실제 몸이 되는 것은 아닙니다.⁴

제79문 그렇다면 그리스도께서는 왜 떡을 그의 몸으로, 잔을 그의 피 혹은
그의 피로 세운 새 언약이라 부르시며, 또한 바울은 왜 그리스도의 몸과
피에 참여한다는 표현을 사용합니까?
답 그리스도께서 그렇게 말씀하신 데에는
    분명한 이유가 있습니다.
    떡과 포도주가 육신의 생명을 유지하게 하는 것처럼
    십자가에 달리신 그리스도의 몸과 그 위에서 흘리신 피가
    영혼의 영생을 위한 참된 양식과 음료라는 사실을
    가르치시기 위함입니다.¹

2. 고전 10:16-17 **제78문 1.** 엡 5:26; 딛 3:5 **2.** 창 17:10-11; 출 12:11, 13; 고전 10:1-4 **3.** 고전 10:16-17; 11:26-28 **4.** 마 26:26-29 **제79문 1.** 요 6:51, 55

더 나아가

그리스도께서는 눈으로 볼 수 있는 표지와 약속을 통해

다음과 같은 확신을 주셨습니다.

우리가 주를 기념하여 이 거룩한 표지를 먹고 마시는 것처럼

성령의 역사로 말미암아 우리가

그리스도의 참된 몸과 피에 참여하게 된다는 것과[2]

마치 우리가 몸소 고난을 겪고 우리의 죗값을 치른 것처럼

그리스도의 모든 고난과 순종을 우리의 것이 되게 한다는 것입니다.[3]

제30주일

제80문[15] 성찬과 로마가톨릭의 미사는 어떻게 다릅니까?

답 성찬은 예수 그리스도께서 십자가에서

친히 단번에 이루신 희생 제사를 통해

우리의 모든 죄가 완전히 용서받았음을 선포합니다.[1]

또한 성찬은 성령을 통해

우리가 그리스도께 접붙여 있다는 것을 선포하는데[2]

그리스도께서는 참된 몸으로 하늘 아버지의 보좌 우편에 계시면서[3]

우리가 하나님을 예배하기를 원하십니다.[4]

[그러나 미사는

그리스도께서 사제들을 통해 날마다 드려지지 않으면

2. 고전 10:16-17; 11:26 3. 롬 6:5-11 제80문 1. 요 19:30; 히 7:27; 9:12, 25-26; 10:10-18 2. 고전 6:17; 10:16-17 3. 행 7:55-56; 히 1:3; 8:1 4. 마 6:20-21; 요 4:21-24; 빌 3:20; 골 3:1-3

산 자든 죽은 자든

그리스도의 고난을 통해

죄를 용서받지 못한다고 가르칩니다.

또한 그리스도께서 떡과 포도주의 모양 아래

육신으로 현존하시기 때문에

그 안에서 경배를 받으셔야 한다고 가르칩니다.

그러므로 미사는 예수 그리스도께서 단번에 드리신 제사와 고난을

근본적으로 부정하는 것으로

정죄 받아 마땅한 우상 숭배입니다.][16]

제81문 누가 성찬에 참여할 수 있습니까?

답 자신의 죄 때문에 슬퍼하면서도

그리스도의 고난과 죽으심으로

자신의 죄가 용서를 받았고

남아 있는 연약함도 가려졌음을 믿는 사람들,

그리고 믿음이 더욱 강건해져서

더 나은 삶을 살기를 열망하는 사람들입니다.

하지만 위선자들이나 진실로 회개하지 않는 자들이 성찬에 참여하는 것은
자신의 심판을 먹고 마시는 것입니다.[1]

제82문 말과 삶에서 불신앙과 불경건이 드러나는 사람들에게도 성찬이

제81문 1. 고전 10:19-22; 11:26-32

허용됩니까?

답 아닙니다.

그것은 하나님의 언약을 모독하는 일로

이로 인해 하나님의 진노가 전체 회중에게 임할 것입니다.[1]

그러므로 그리스도의 교회는

그리스도와 사도들의 가르침을 따라

천국의 열쇠를 공적으로 사용하여

그들의 삶이 변화될 때까지는

성찬에서 제외해야 합니다.

제31주일

제83문 천국의 열쇠란 무엇입니까?

답 거룩한 복음을 설교하고

회개를 촉구하는 기독교의 권징입니다.

이 두 가지를 통해

믿는 사람들에게는 천국이 열리고

믿지 않는 사람들에게는 천국이 닫힙니다.[1]

제84문 거룩한 복음을 설교하는 것으로 어떻게 천국이 열리고 닫힙니까?

답 그리스도께서 그렇게 명령하셨습니다.

제82문 1. 고전 11:17-32; 시 50:14-16; 사 1:11-17 제83문 1. 마 16:19; 요 20:22-23

사람들이 참된 믿음으로 복음의 약속을 받아들이면
그리스도의 공로로 말미암아
하나님께서 진실로 그들의 모든 죄를 용서하신다는 것을
공적으로 선포하고 증언할 때
각각의 모든 성도에게 천국이 열립니다.

하지만 불신자와 위선자들이 돌이키지 않으면
하나님의 진노와 영원한 저주를 받는다고
공적으로 선포하고 증언할 때
그들에게 천국의 문이 닫힙니다.

이 세상과 다음 세상에서 하나님의 심판은
한결같이 이 복음의 증언에 따라 이루어집니다.[1]

제85문 교회의 권징을 통해 어떻게 천국이 닫히고 열립니까?
답 그리스도께서 그렇게 명령하셨습니다.

그리스도인이라 불린다 해도
그 이름에 합당하지 않은 가르침을 믿고 따라 사는 사람,
계속해서 개인적인 사랑의 권면을 받았음에도 불구하고
잘못된 가르침과 악한 행실에서 떠나기를 거부하는 사람,
교회에서 권징을 위해 임명된 사람에게 보고된 후에도
교회의 권면을 따르지 않는 사람,
이런 사람들은 성례에 참여하지 못하도록 하고

제84문 1. 마 16:19; 요 3:31-36; 20:21-23

교회 공동체에서 배제해야 합니다.

하나님도 이런 자들을 그리스도의 나라에서 배제하십니다.[1]

하지만 그들이 회개를 약속하고 삶으로 나타낸다면
교회는 다시 그들을 그리스도와 교회의 지체로 받아들여야 합니다.[2]

제3부 감사

제32주일

제86문 우리의 공로가 아니라 그리스도로 말미암아 오직 은혜로 비참한
상태에서 구원을 받았는데, 왜 우리는 선행에 힘써야 합니까?
답 그리스도께서는 피를 흘려 우리를 구속하셨을 뿐 아니라
그의 성령으로 말미암아 우리를 그리스도의 형상으로 회복하십니다.
그래서 우리의 전 생애를 통해
우리가 하나님의 은택에 얼마나 감사하는지를 드러내며[1]
하나님께서는 이를 통해 찬양을 받으십니다.[2]
또한 각 사람은 선행의 열매로 자신의 믿음을 확신하게 되고[3]
우리의 경건한 삶을 통해
이웃들을 그리스도께로 인도할 수 있습니다.[4]

제87문 감사하지도 않고 회개하지도 않은 채 하나님께로 돌이키기를 거부

제85문 1. 마 18:15-20; 고전 5:3-5, 11-13; 살후 3:14-15 2. 눅 15:20-24; 고후 2:6-11 제86문 1. 롬 6:13; 12:1-2; 벧전 2:5-10 2. 마 5:16; 고전 6:19-20 3. 마 7:17-18; 갈 5:22-24; 벧후 1:10-11 4. 마 5:14-16; 롬 14:17-19; 벧전 2:12; 3:1-2

하는 사람이 구원을 받을 수 있습니까?

답 전혀 그럴 수 없습니다.

성경은 음행하는 자,

우상 숭배자, 간음하는 자, 도둑질하는 자,

탐내는 자, 술 취한 자, 비방하는 자, 강도질하는 자 등과 같은 사람들은

하나님 나라를 유업으로 받지 못한다고 선언합니다.[1]

제33주일

제88문 참된 회개, 혹은 회심에는 무엇이 포함됩니까?

답 두 가지입니다.

옛 사람이 죽고

새 사람으로 사는 것입니다.[1]

제89문 옛 사람이 죽는다는 것은 무엇을 의미합니까?

답 진실로 죄를 슬퍼하고

더욱더 그것을 미워하며 피하는 것입니다.[1]

제90문 새 사람으로 산다는 것은 무엇을 의미합니까?

답 그리스도로 말미암아 전심으로 하나님을 기뻐하고[1]

모든 선행에 힘쓰는 가운데

하나님의 뜻을 따라 살기를

제87문 1. 고전 6:9-10; 갈 5:19-21; 엡 5:1-20; 요일 3:14   제88문 1. 롬 6:1-11; 고후 5:17; 엡 4:22-24; 골 3:5-10
제89문 1. 시 51:3-4, 17; 욜 2:12-13; 롬 8:12-13; 고후 7:10   제90문 1. 시 51:8, 12; 사 57:15; 롬 5:1; 14:17

사모하며 즐거워하는 것입니다.[2]

제91문 선행이란 무엇입니까?

답 참된 믿음으로[1]

하나님의 율법에 따라[2]

하나님의 영광을 위해 행하는 일입니다.[3]

우리의 생각이나 사람의 관습에 따라 행하는 것은

선행이 아닙니다.[4]

십계명

제34주일

제92문 하나님의 율법은 무엇입니까?

답 하나님께서는 다음과 같이 말씀하셨습니다.

제1계명: "나는 너를 애굽 땅, 종 되었던 집에서 인도하여 낸 네 하나님 여호와니라. 너는 나 외에는 다른 신들을 네게 두지 말라."

제2계명: "너를 위하여 새긴 우상을 만들지 말고 또 위로 하늘에 있는 것이나 아래로 땅에 있는 것이나 땅 아래 물 속에 있는 것의 어떤 형상도 만들지 말며 그것들에게 절하지 말며 그것들을 섬기지 말라. 나 네 하나님 여호와는 질투하는 하나님인즉 나를 미워하는 자의 죄를 갚되 아버지로

---

2. 롬 6:10-11; 갈 2:20 제91문 1. 요 15:5; 히 11:6 2. 레 18:4; 삼상 15:22; 엡 2:10 3. 고전 10:31 4. 신 12:32; 사 29:13; 겔 20:18-19; 마 15:7-9

부터 아들에게로 삼사 대까지 이르게 하거니와 나를 사랑하고 내 계명을 지키는 자에게는 천 대까지 은혜를 베푸느니라."

제3계명: "너는 네 하나님 여호와의 이름을 망령되게 부르지 말라. 여호와는 그의 이름을 망령되게 부르는 자를 죄 없다 하지 아니하리라."

제4계명: "안식일을 기억하여 거룩하게 지키라. 엿새 동안은 힘써 네 모든 일을 행할 것이나 일곱째 날은 네 하나님 여호와의 안식일인즉 너나 네 아들이나 네 딸이나 네 남종이나 네 여종이나 네 가축이나 네 문안에 머무는 객이라도 아무 일도 하지 말라. 이는 엿새 동안에 나 여호와가 하늘과 땅과 바다와 그 가운데 모든 것을 만들고 일곱째 날에 쉬었음이라. 그러므로 나 여호와가 안식일을 복되게 하여 그 날을 거룩하게 하였느니라."

제5계명: "네 부모를 공경하라. 그리하면 네 하나님 여호와가 네게 준 땅에서 네 생명이 길리라."

제6계명: "살인하지 말라."

제7계명: "간음하지 말라."

제8계명: "도둑질하지 말라."

제9계명: "네 이웃에 대하여 거짓 증거하지 말라."

제10계명: "네 이웃의 집을 탐내지 말라. 네 이웃의 아내나 그의 남종이나 그의 여종이나 그의 소나 그의 나귀나 무릇 네 이웃의 소유를 탐내지 말라."[1]

제92문 1. 출 20:1-17; 신 5:6-21

제93문 십계명은 어떻게 나뉩니까?

답 두 부분으로 구분됩니다.

첫째 부분은 네 계명으로서
우리가 하나님과 어떠한 관계를 맺고
살아야 하는지를 가르칩니다.
둘째 부분은 여섯 계명으로서
우리가 이웃과 어떻게 살아야 하는지를 가르칩니다.[1]

제94문 제1계명에서 하나님께서 요구하시는 것은 무엇입니까?

답 내가 받은 구원을 위태롭게 하는
모든 우상 숭배,[1] 주술, 미신적인 의식들,[2]
성인들이나 다른 피조물에게 기도하는 것을[3]
피하고 멀리해야 합니다.

나는 참되고 유일하신 하나님을 바로 알고[4]
하나님만을 의지하며[5]
모든 선한 것을 얻기 위해
겸손과[6] 인내로[7] 하나님만을 바라고[8]
전심으로 하나님을 사랑하고[9] 경외하고[10]
영화롭게 해야 합니다.[11]
요약하면, 아무리 사소한 일이라도
하나님의 뜻을 거스르는 일이라면

제93문 **1.** 마 22:37-39 제94문 **1.** 고전 6:9-10; 10:5-14; 요일 5:21 **2.** 레 19:31; 신 18:9-12 **3.** 마 4:10; 계 19:10; 22:8-9 **4.** 요 17:3 **5.** 렘 17:5, 7 **6.** 벧전 5:5-6 **7.** 골 1:11; 히 10:36 **8.** 시 104:27-28; 약 1:17 **9.** 마 22:37(신 6:5) **10.** 잠 9:10; 벧전 1:17 **11.** 마 4:10(신 6:13)

모든 것을 포기해야 합니다.[12]

제95문 우상 숭배란 무엇입니까?

답 그것은 말씀 안에서 자신을 계시하신

참되고 유일하신 하나님을 대신하거나,

하나님과 동등하게 의지하기 위해

다른 것을 두거나 만드는 것입니다.[1]

제35주일

제96문 제2계명에서 하나님께서 우리에게 원하시는 것은 무엇입니까?

답 어떤 형태로든 결코 하나님의 형상을 만들지 말고[1]

하나님의 말씀이 명령하는 것이 아니면 어떤 방식으로든

하나님을 예배하지 말라는 것입니다.[2]

제97문 그러면 우리는 어떤 형상도 만들지 말아야 합니까?

답 하나님께서는 어떤 방식으로든

눈에 보이는 형상으로 표현될 수 없고

표현되어서도 안 됩니다.

피조물은 눈에 보이는 형상으로 표현될 수 있지만

그것이 예배의 대상이 되거나

---

12. 마 5:29-30; 10:37-39　제95문 1. 대상 16:26; 갈 4:8-9; 엡 5:5; 빌 3:19　제96문 1. 신 4:15-19; 사 40:18-25; 행 17:29; 롬 1:22-23　2. 레 10:1-7; 삼상 15:22-23; 요 4:23-24

하나님을 섬기는 수단이 된다면
하나님께서는 그런 형상을 만들거나
소유하는 것을 금지하십니다.[1]

제98문 제대로 교육받지 못한 사람을 위해 교회에서 책 대신 형상을
사용해도 안 됩니까?
답 안 됩니다.
우리는 하나님보다 더 지혜로울 수 없습니다.
하나님께서는 그의 백성이
말도 못하는 우상이 아닌[1]
하나님 말씀의 살아 있는 설교를 통해
배우기를 바라십니다.[2]

제36주일

제99문 제3계명에서 하나님께서 명하시는 것은 무엇입니까?
답 저주,[1] 거짓 맹세,[2] 불필요한 서약을[3] 통해
하나님의 이름을 욕되게 하거나 오용하지 않으며
침묵하고 방관함으로
그런 끔찍한 죄에 동참하지 말라는 것입니다.[4]

요약하면, 거룩하신 하나님의 이름을

제97문 1. 출 34:13-14, 17; 왕하 18:4-5   제98문 1. 렘 10:8; 합 2:18-20   2. 롬 10:14-15, 17; 딤후 3:16-17; 벧후 1:19
제99문 1. 레 24:10-17   2. 레 19:12   3. 마 5:37; 약 5:12   4. 레 5:1; 잠 29:24

경외감과 존경심을 가지고 사용하며[5]

하나님을 올바르게 고백하고[6]

그에게 기도하며[7]

우리의 모든 말과 행실로 하나님을 영화롭게 해야 합니다.[8]

제100문 맹세나 저주로 하나님의 이름을 욕되게 하는 것은, 그것을 막거나 금지하기 위해 최선을 다하지 않는 사람들에게도 하나님께서 진노하실 만큼 그렇게 심각한 죄입니까?

답 진실로 그렇습니다.[1]

하나님의 이름을 욕되게 하는 것보다 더 큰 죄가 없으며

그것보다 더 하나님을 노하시게 하는 죄도 없습니다.

그래서 하나님께서는 이 죄를 죽음으로 처벌하십니다.[2]

제37주일

제101문 그러나 하나님의 이름으로 경건하게 맹세하는 것은 괜찮습니까?

답 그렇습니다. 하나님의 영광과 이웃의 유익을 위해

진리와 신뢰를 보존하고 증진하려는 목적으로

맹세가 필요하거나 정부가 그것을 요구할 때 그럴 수 있습니다.

이런 맹세는 하나님의 말씀에 근거한 것으로[1]

우리는 구약과 신약의 성도들이

합당하게 맹세한 것을 볼 수 있습니다.[2]

---

5. 시 99:1-5; 렘 4:2 6. 마 10:32-33; 롬 10:9-10 7. 시 50:14-15; 딤전 2:8 8. 골 3:17 제100문 1. 레 5:1 2. 레 24:10-17 제101문 1. 신 6:13; 10:20; 렘 4:1-2; 히 6:16 2. 창 21:24; 수 9:15; 왕상 1:29-30; 롬 1:9; 고후 1:23

제102문 성인이나 다른 피조물을 통해 맹세해도 됩니까?

답 안 됩니다.

올바른 맹세는 나의 진실성을 보증하고
거짓으로 맹세하면 내게 벌을 내리시도록
내 마음을 아시는 유일한 하나님을 부르는 것입니다.[1]
피조물은 이런 영광을 받기에 합당하지 않습니다.[2]

제38주일

제103문 제4계명에서 하나님께서 명하시는 것은 무엇입니까?

답 첫째, 복음 사역과 이를 위한 교육을 지속하고[1]
특별히 안식의 날인 주일에
내가 하나님 백성의 모임에 힘써 참여하여[2]
하나님의 말씀을 배우고[3]
성례에 참여하며[4]
공적으로 하나님께 기도하고[5]
가난한 사람들을 위해 헌금을 드리는 것입니다.[6]

둘째, 일생에 걸쳐 날마다
악한 길에서 떠나고
성령으로 말미암아 주께서 내 안에서 일하시게 하여
이 세상에서부터 영원한 안식을 시작하는 것입니다.[7]

제102문 **1.** 롬 9:1; 고후 1:23 **2.** 마 5:34-37; 23:16-22; 약 5:12   제103문 **1.** 신 6:4-9, 20-25; 고전 9:13-14; 딤후 2:2; 3:13-17; 딛 1:5 **2.** 신 12:5-12; 시 40:9-10; 68:26; 행 2:42-47; 히 10:23-25 **3.** 롬 10:14-17; 고전 14:31-32; 딤전 4:13 **4.** 고전 11:23-25 **5.** 골 3:16; 딤전 2:1 **6.** 시 50:14; 고전 16:2; 고후 8-9장 **7.** 사 66:23; 히 4:9-11

제39주일

제104문 제5계명에서 하나님께서 명하시는 것은 무엇입니까?

답 내 부모와

　내게 대하여 권위를 가지고 있는 모든 사람을

　내가 존중하고, 사랑하며, 충성하는 마음으로 대하는 것입니다.

　또한 그들의 모든 선한 가르침과 징계에

　내가 합당하게 순종하고[1]

　그들의 약점과 부족함에 대해 인내하는 것입니다.[2]

　하나님께서 그들을 통해 우리를 다스리시기 때문입니다.[3]

제40주일

제105문 제6계명에서 하나님께서 명하시는 것은 무엇입니까?

답 내 생각과 말과 표정과 몸짓으로

　그리고 특별히 행위로 이웃을 헐뜯거나, 미워하거나, 모욕하거나,

　죽이지 말아야 하며

　다른 사람들이 그런 일을 할 때 동조하지도 말아야 합니다.[1]

　그리고 내 안에 복수하고자 하는 마음을 버려야 합니다.[2]

　더 나아가 나 자신을 고의로 해치거나

　부주의하게 위험에 빠뜨리지 말아야 합니다.[3]

　국가에 칼을 주신 것도

제104문 **1.** 출 21:17; 잠 1:8; 4:1; 롬 13:1-2; 엡 5:21-22; 6:1-9; 골 3:18-4:1 **2.** 잠 20:20; 23:22; 벧전 2:18 **3.** 마 22:21; 롬 13:1-8; 엡 6:1-9; 골 3:18-21 　제105문 **1.** 창 9:6; 레 19:17-18; 마 5:21-22; 26:52 **2.** 잠 25:21-22; 마 18:35; 롬 12:19; 엡 4:26 **3.** 마 4:7; 26:52; 롬 13:11-14

살인을 막기 위한 것입니다.[4]

제106문 이 계명은 오직 살인에만 해당하는 것입니까?
답 살인을 금지하심으로 하나님께서는
　　살인의 근원이 되는 질투, 증오, 분노, 앙심 등을
　　미워하신다고 우리에게 가르치십니다.[1]

　　하나님이 보시기에 이런 모든 것은 살인에 해당합니다.[2]

제107문 이런 방식으로 우리의 이웃을 죽이지 않으면 그것으로 충분합니까?
답 아닙니다.
　　하나님께서는 질투와 증오와 분노를 정죄하심으로
　　우리가 자신을 사랑하듯 이웃을 사랑하고[1]
　　그들에 대해 인내하고, 화평하고, 온유하며
　　자비와 친절과 호의를 베풀고[2]
　　최선을 다해 그들이 해를 당하지 않도록 보호하고
　　원수에게도 선을 행하라고 하십니다.[3]

제41주일

제108문 제7계명은 우리에게 무엇을 가르칩니까?
답 하나님께서는 모든 부정함을 정죄하십니다.[1]

---

4. 창 9:6; 출 21:14; 롬 13:4　**제106문 1.** 잠 14:30; 롬 1:29; 12:19; 갈 5:19-21; 요일 2:9-11　**2.** 요일 3:15　**제107문 1.** 마 7:12; 22:39; 롬 12:10　**2.** 마 5:3-12; 눅 6:36; 롬 12:10, 18; 갈 6:1-2; 엡 4:2; 골 3:12; 벧전 3:8　**3.** 출 23:4-5; 마 5:44-45; 롬 12:20-21(잠 25:21-22)　**제108문 1.** 레 18:30; 엡 5:3-5

그러므로 우리는 그것을 철저하게 미워해야 하며[2]

거룩한 결혼 관계에 있든지 독신으로 있든지

단정하고 순결하게 생활해야 합니다.[3]

제109문 하나님께서는 이 계명에서 간음과 같이 가증스러운 죄만을 금지하시는 것입니까?

답 우리의 몸과 영혼은 모두 성령의 전이기 때문에

하나님께서는 우리가 몸과 영혼 모두를

거룩하고 순결하게 보존하기를 원하십니다.

하나님께서는 모든 부정한 행동, 표정, 말, 생각, 욕구를 금지하시며[1]

이렇게 하도록 유혹하는 모든 것을 금지하십니다.[2]

제42주일

제110문 제8계명에서 하나님께서 금지하시는 것은 무엇입니까?

답 하나님께서는 법이 처벌하는 도둑질과 강도질만

금지하시는 것이 아닙니다.[1]

하나님께서는 강제로 또는 합법성을 가장하여

이웃의 소유를 자기의 것으로 삼으려는

모든 속임수와 간계도

도둑질이라고 하십니다.[2]

2. 유 22-23 3. 고전 7:1-9; 살전 4:3-8; 히 13:4   제109문 1. 마 5:27-29; 고전 6:18-20; 엡 5:3-4 2. 고전 15:33; 엡 5:18   제110문 1. 출 22:1; 고전 5:9-10; 6:9-10 2. 미 6:9-11; 눅 3:14; 약 5:1-6

여기에는 부정확한 저울, 계량, 불량품, 위조화폐, 고리대금
그리고 하나님께서 금지하신 다른 수단들도 포함됩니다.³

더 나아가 하나님께서는 모든 탐욕과⁴
하나님께서 주신 은사들을 무분별하게
허비하는 것도 금지하십니다.⁵

제111문 이 계명에서 하나님께서 당신에게 요구하시는 것은 무엇입니까?
답 이웃의 유익을 위해 내가 할 수 있는 것을 다하는 것
    남에게 대접을 받고자 하는 대로 나도 남을 대접하는 것
    가난한 사람들을 도울 수 있도록 성실하게 일하는 것입니다.¹

제43주일

제112문 제9계명에서 하나님께서 명하시는 것은 무엇입니까?
답 누구에 대해서도 거짓 증언을 하지 않고
    다른 사람의 말을 왜곡하지 않으며
    다른 사람을 험담하거나 비방하지 않고
    말을 들어보지도 않고 성급하게
    다른 사람과 어울려 남을 정죄하지 않는 것입니다.¹
    더 나아가 법정이든 어디에서든
    거짓말과 온갖 위증을 거부하는 것입니다.²

---

3. 신 25:13-16; 시 15:5; 잠 11:1; 12:22; 겔 45:9-12; 눅 6:35 **4.** 눅 12:15; 엡 5:5 **5.** 잠 21:20; 23:20-21; 눅 16:10-13
제111문 **1.** 사 58:5-10; 마 7:12; 갈 6:9-10; 엡 4:28 제112문 **1.** 시 15편; 잠 19:5; 마 7:1; 눅 6:37; 롬 1:28-32 **2.** 레 19:11-12

이런 것들은 마귀가 사용하는 도구로써
하나님의 맹렬한 진노를 불러옵니다.[3]
나는 진리를 사랑하고
정직하게 진리를 말하며
공개적으로 진리를 인정해야 합니다.[4]
내 이웃의 명예를 보호하고 증진하기 위해
내가 할 수 있는 일을 해야 합니다.[5]

제44주일

제113문 제10계명에서 하나님께서 명령하시는 것은 무엇입니까?
답 하나님의 계명 중 어느 것 하나에도 어긋나는 생각이나 욕구를
우리 마음에 품지 말라는 것입니다.

오히려 온 맘을 다해
죄를 항상 미워하고
옳은 것은 무엇이든 항상 즐거워해야 합니다.[1]

제114문 하나님께로 회심한 사람은 이 계명들을 온전히 지킬 수 있습니까?
답 아닙니다.
이 세상에서는 아무리 거룩한 사람이라도
아주 작은 것에서 순종하기를 시작할 뿐입니다.[1]

3. 잠 12:22; 13:5; 요 8:44; 계 21:8   **4.** 고전 13:6; 엡 4:25   **5.** 벧전 3:8-9; 4:8   제113문 **1.** 시 19:7-14; 139:23-24;
롬 7:7-8   제114문 **1.** 전 7:20; 롬 7:14-15; 고전 13:9; 요일 1:8-10

그런데도 그들은 진지한 태도로
하나님의 계명 중 일부만이 아니라
전부를 따라 살기 시작합니다.[2]

**제115문 이 세상에서 아무도 십계명을 온전히 지킬 수 없다면, 하나님께서는
왜 엄중하게 십계명을 선포하셨습니까?**
답 첫째, 우리가 이 땅에 살면 살수록
우리의 죄악 됨을 더욱더 알게 되고
죄 사함과 의로움을 위해[1]
더욱 간절히 그리스도를 바라보도록 하기 위함입니다.

둘째, 이 세상의 삶이 다하여 우리의 목표인
완전함에 이르기까지[2] 하나님의 형상을 따라
더욱 새로워지도록 계속해서 분투하며
성령의 은혜를 주시도록 끊임없이 하나님께 간구하기 위함입니다.

주기도문

제45주일
제116문 그리스도인은 왜 기도를 해야 합니까?
답 기도는 하나님께서 우리에게 요구하시는 감사의 삶 중에

---

2. 시 1:1-2; 롬 7:22-25; 빌 3:12-16 제115문 1. 시 32:5; 롬 3:19-26; 7:7, 24-25; 요일 1:9 2. 고전 9:24; 빌 3:12-14;
요일 3:1-3

가장 중요한 부분이기 때문입니다.[1]

그리고 하나님께서는 그의 은혜와 성령을 주시는데

그러한 은사를 위해 마음으로 탄식하며

계속 기도하고

그것에 감사하는 사람에게만 주시기 때문입니다.[2]

제117문 하나님께서 기쁘게 들으시는 기도는 어떤 기도입니까?

답 첫째, 말씀으로 우리에게 계시된

유일하고 참되신 하나님께

우리에게 구하라고 명하신 모든 것을

우리의 마음을 다해 구하는 기도입니다.[1]

둘째, 우리의 필요와 비참함을 절감하고

하나님의 엄위 앞에서 우리를 겸손히 낮추는 기도입니다.[2]

셋째, 우리에게 전혀 자격이 없지만

하나님께서 그의 말씀 안에서 우리에게 약속하신 대로

우리 주 예수 그리스도로 인해

우리의 기도를 들으신다는 것을

견고하게 확신하는 기도입니다.[3]

제118문 하나님께서 우리에게 구하라고 명하시는 것은 무엇입니까?

답 우리 주 그리스도께서

제116문 1. 시 50:14–15; 116:12–19; 살전 5:16–18　2. 마 7:7–8; 눅 11:9–13　제117문 1. 시 145:18–20; 요 4:22–24; 롬 8:26–27; 약 1:5; 요일 5:14–15　2. 대하 7:14; 시 2:11; 34:18; 62:8; 사 66:2; 계 4장　3. 단 9:17–19; 마 7:8; 요 14:13–14; 16:23; 롬 10:13; 약 1:6

친히 가르쳐 주신 기도에 들어 있는 것처럼
영혼과 육신에 필요한 모든 것을 구하라고 하십니다.[1]

제119문 주님께서 가르쳐 주신 기도는 무엇입니까?
답 하늘에 계신 우리 아버지여
　　이름이 거룩히 여김을 받으시오며
　　나라가 임하시오며
　　뜻이 하늘에서 이루어진 것같이 땅에서도 이루어지이다.
　　오늘 우리에게 일용할 양식을 주시옵고
　　우리가 우리에게 죄 지은 자를 사하여 준 것같이
　　우리 죄를 사하여 주시옵고
　　우리를 시험에 들게 하지 마시옵고
　　다만 악에서 구하시옵소서.
　　[나라와 권세와 영광이 아버지께 영원히 있사옵나이다 아멘.][17]

제46주일

제120문 그리스도께서 하나님을 "우리 아버지"라 부르도록 하신 이유는 무엇입니까?
답 우리가 기도를 시작하는 그 순간부터
　　기도의 기본 요소를
　　그리스도께서 우리에게 일깨워 주시기 위함입니다.

제118문 1. 약 1:17; 마 6:33　제119문 1. 마 6:9-13; 눅 11:2-4

곧 그리스도를 통하여 하나님께서

우리의 아버지가 되셨다는 사실을

어린아이처럼 믿고 경외하도록 가르치신 것입니다.

육신의 부모가 이 세상의 것들에 대한

자녀의 요청을 거절하지 않는 것처럼,

하나님 아버지께서는 더욱더 우리가 믿음으로 구하는 것을

거절하지 않으십니다.[1]

제121문 "하늘에 계신"이라는 말은 무슨 뜻입니까?

답 하나님께서 가지신 천상의 위엄을

이 땅에 속한 것으로 생각하지 않고[1]

몸과 영혼에 필요한 모든 것을

하나님의 전능하신 능력으로부터

기대하라는 것입니다.[2]

제47주일

제122문 첫 번째 간구의 의미는 무엇입니까?

답 "이름이 거룩히 여김을 받으시오며"가

의미하는 것은 다음과 같습니다.

"우리가 진실로 하나님을 바로 알고[1]

제120문 **1.** 마 7:9-11; 눅 11:11-13 제121문 **1.** 렘 23:23-24; 행 17:24-25 **2.** 마 6:25-34; 롬 8:31-32 제122문 **1.** 렘 9:23-24; 31:33; 마 16:17; 요 17:3

하나님께서 행하신 모든 역사와

그것을 통해 밝히 드러나는

하나님의 전능하신 능력, 지혜,

선하심, 의로우심,

긍휼과 진리로 인해

하나님께 존귀와 영광과 찬송을 돌리게 하소서.²

또한 우리의 생각과 말과 행실을 주장하셔서

우리 때문에 하나님의 이름이 더럽혀지지 않고

항상 존귀와 찬송을 받게 하소서."³

제48주일

제123문 두 번째 간구의 의미는 무엇입니까?

답 "나라가 임하시오며"가 의미하는 것은 다음과 같습니다.

"하나님의 말씀과 성령으로 우리를 다스려

우리가 더욱더 하나님께 순종하게 하소서.¹

하나님의 교회를 보존하시고 성장하게 하소서.²

마귀의 역사를 멸하시고

하나님을 대적하는 모든 세력과

하나님의 거룩한 말씀에 거역하는 모든 간계를 멸하소서.³

---

2. 출 34:5-8; 시 145; 렘 32:16-20; 눅 1:46-55, 68-75; 롬 11:33-36 3. 시 115:1; 마 5:16 제123문 1. 시 119:5, 105; 143:10; 마 6:33 2. 시 122:6-9; 마 16:18; 행 2:42-47 3. 롬 16:20; 요일 3:8

하나님의 나라가 온전히 도래하여서
하나님께서 만유의 주로서
만유 안에 계시기까지 그렇게 하소서."[4]

제49주일

제124문 세 번째 간구의 의미는 무엇입니까?

답 "뜻이 하늘에서 이루어진 것같이 땅에서도 이루어지이다"가
의미하는 것은 다음과 같습니다.

"우리와 함께 모든 사람이 자기 뜻을 버리고
불평 없이 하나님의 뜻에 순종하게 하소서.[1]
오직 주님의 뜻만이 선하시기 때문입니다.

우리에게 주어진 소명을[2]
하늘의 천사들처럼 기꺼이 충성 되게
모든 사람이 감당하게 하소서."[3]

제50주일

제125문 네 번째 간구의 의미는 무엇입니까?

답 "오늘 우리에게 일용할 양식을 주시옵고"가
의미하는 것은 다음과 같습니다.

---

4. 롬 8:22-23; 고전 15:28; 계 22:17, 20 제124문 **1.** 마 7:21; 16:24-26; 눅 22:42; 롬 12:1-2; 딛 2:11-12 **2.** 고전 7:17-24; 엡 6:5-9 **3.** 시 103:20-21

"우리 육신의 모든 필요를 돌아보셔서[1]
하나님만이 모든 선한 것의 원천이며[2]
하나님의 축복이 없으면
우리가 노력하고 염려하는 것이나
하나님께서 주신 은사마저도
우리에게 아무 유익이 없다는 것을 알게 하소서.[3]
또한 우리가 피조물을 의지하지 않고
오직 하나님만을 의지하도록 도와주소서."[4]

제51주일

제126문 다섯 번째 간구의 의미는 무엇입니까?

답 "우리가 우리에게 죄 지은 자를 사하여 준 것같이
우리 죄를 사하여 주시옵고"가 의미하는 것은 다음과 같습니다.

"그리스도의 보혈을 보시고
우리가 짓는 특정한 죄나
끊임없이 우리에게 붙어 있는 악을
불쌍한 죄인인 우리에게 돌리지 마소서.[1]

우리 안에 있는 은혜의 증거로서
우리가 이웃을 용서하기로 굳게 결심하듯이
우리를 용서하소서."[2]

제125문 **1.** 시 104:27-30; 145:15-16; 마 6:25-34 **2.** 신 8:3; 시 37:16; 127:1-2; 고전 15:58 **3.** 행 14:17; 17:25; 약 1:17 **4.** 시 55:22; 62; 146; 렘 17:5-8; 히 13:5-6 제126문 **1.** 시 51:1-7; 143:2; 롬 8:1; 요일 2:1-2 **2.** 마 6:14-15; 18:21-35

제52주일

제127문 여섯 번째 간구의 의미는 무엇입니까?

답 "우리를 시험에 들게 하지 마시옵고 다만 악에서 구하시옵소서"가
　　의미하는 것은 다음과 같습니다.

　　"우리 자신은 너무도 연약하여
　　한순간도 스스로 설 수 없습니다.[1]
　　또한 우리의 철천지원수인
　　마귀와[2] 세상과[3] 우리의 육신이[4]
　　쉬지 않고 우리를 공격합니다.

　　그러므로 성령의 능력으로
　　우리를 붙드시고 강건하게 하셔서
　　우리가 이 영적인 싸움에서 패하여 쓰러지지 않고[5]
　　우리의 원수에게 끝까지 굳세게 맞서서
　　마침내 완전한 승리를 얻게 하소서."[6]

제128문 주기도문의 결론부가 의미하는 것은 무엇입니까?

답 "나라와 권세와 영광이 아버지께 영원히 있사옵나이다"가
　　의미하는 것은 다음과 같습니다.

　　"우리는 이 모든 것을 하나님께 간구했습니다.
　　우리의 전능한 왕이신 주님께서

제127문 **1.** 시 103:14–16; 요 15:1–5　**2.** 고후 11:14; 엡 6:10–13; 벧전 5:8　**3.** 요 15:18–21　**4.** 롬 7:23; 갈 5:17
5. 마 10:19–20; 26:41; 막 13:33; 롬 5:3–5　**6.** 고전 10:13; 살전 3:13; 5:23

모든 선한 것을 우리에게 주기를 원하시고
또 주실 수 있기 때문입니다.[1]
그리고 이로써 우리가 아니라 주님의 거룩하신 이름이
세세 무궁토록 영광을 받으셔야 하기 때문입니다."[2]

제129문 "아멘"의 의미는 무엇입니까?
답 "아멘"이란

"참으로 확실하게 이루어질 것이다"라는 의미입니다.

이런 것들을 소원하는 나의 마음보다 더 확실하게
하나님께서는 나의 기도를 들으십니다.[1]

제128문 1. 롬 10:11-13; 벧후 2:9 2. 시 115:1; 요 14:13 제129문 1. 사 65:24; 고후 1:20; 딤후 2:13

주

1. 열다섯 살에 우르시누스는 마르틴 루터가 있던 비텐베르크 대학에 진학해 루터의 계보를 잇는 필리프 멜란히톤의 가르침을 받았다. 그의 고향인 폴란드 브레슬라우에서 교수직을 그만둔 그는 스위스 취리히로 갔다. 거기서 우르시누스는 울리히 츠빙글리와 피터 베르미글리(Peter Martyr Vermigli)의 뒤를 잇는 이탈리아 개신교 종교개혁자인 하인리히 불링거(Heinrich Bullinger) 아래서 수학했다. 더 많은 정보를 원하면 다음을 보라. Lyle D. Bierma, *An Introduction to the Heidelberg Catechism: Sources, History, and Theology*(Grand Rapids, Michigan: Baker Books, 2005), p. 67-70. 다음도 보라. Karl Barth, trans. Shirley Guthrie, Jr., *The Heidelberg Catechism for Today*(Richmond, Virginia: John Knox Press, 1964), p. 22-23.

2. Sidney Mead, *The Lively Experiment: The Shaping of Christianity in America*(Eugene, Oregon: Wipf and Stock Publishers, 2007).

3. Lyle D. Bierma, Princeton Theological Seminary, Studies in Reformed Theology and History, Number 4, *The Doctrine of the Sacraments on the Heidelberg Catechism: Melancthonian, Calvinist, or Zwinglian?*(Princeton, New Jersey: 1994), p. 41. 다음도 보라. Bierma, *An Introduction to the Heidelberg Catechism: Sources, History, and Theology*(Grand Rapids, Michigan: Baker Books, 2005), p. 81.

4. Karl Barth, trans. Shirley Guthrie, Jr., *The Heidelberg Catechism for Today*(Richmond, Virginia: John Knox Press, 1964), p. 123.

5. St. Athanasius, *On the Incarnation: De Incarnatione Verbi Dei*(New York: St. Vladimir's Seminary, 1996).

6. Dante Alighieri, trans. Mark Musa, *The Divine Comedy: Inferno*(New York: Penguin Books, 1971), p. 67. (『신곡』민음사)

7. Karl Barth, trans. Shirley Guthrie, Jr., *The Heidelberg Catechism for Today*(Richmond, Virginia: John Knox Press, 1964), p. 25.

8. 이 문제에 대한 자세한 설명을 원하면 다음을 보라. M. Craig Barnes, *Searching for Home*(Grand Rapids, Michigan: Brazos Press, 2003).

9. Karl Barth, trans. G. W. Bromiley, *Church Dogmatics: The Doctrine of Reconciliation*, vol. 4.2.60, ed. 22(London: T&T Clark, 2010), p. 145. (『교회 교의학 IV/2』 대한기독교서회)

10. 할머니들의 식탁에 관한 내용은 「The Christian Century」(May 20, 2011)를 통해 소개된 적이 있다.

11. Ann Voskamp, *Selections from One Thousand Gifts: Finding Joy in What Really Matters*(Grand Rapids, Michigan: Zondervan, 2012), p. 31. (『천개의 선물』 열림원)

12. C. S. Lewis, *On Stories: And Other Essays on Literature*(New York: Mariner Books, 2002), p. 17.

13. 학자들은 대부분 여기서 시험으로 번역된 헬라어를 죄에 빠지게 하는 "시험"이라기보다는 극히 어려운 일을 뜻하는 "시험"이라는 데 동의한다.

14. "찢긴"이라는 말은 성경 본문에는 없지만, 하이델베르크 교리문답의 독일어 원문은 이 말을 사용한다.

15. 제80문답은 본 교리문답의 초판에는 없었으나 제2판부터는 짧은 형태로 등장한다. 이 본문은 제3판을 확장한 것이다.

16. 1998년 총회의 지시로 북미개혁교회(CRC)의 교회 교류 위원회(Interchurch Relations Committee)는 제80문답과 로마가톨릭 미사를 연구했다. 이 연구를 토대로 2004년 총

회는 "지금과 같은 형태의 제80문답은 우리의 신앙고백으로 적합하지 않다"고 선언했다. 2006년 총회는 하이델베르크 교리문답 본문에 제80문답을 그대로 남겨두되, 마지막 세 단락을 괄호로 표기함으로써, 이 문답이 오늘날 로마가톨릭 교회의 공식적인 가르침과 실천을 정확하게 반영하는 것이 아님을 나타내고, 북미개혁교회 회원들은 이 문답을 고백하지 않는다는 사실을 분명히 했다. 미국개혁교회(RCA)와 미국장로교회(PCUSA)는 이 교리문답이 오늘날 로마 가톨릭 교회의 입장과는 다른 당시의 역사적 정황 가운데 기록된 것임을 인정하기로 하면서 원래의 본문을 그대로 유지하고 있다. 그 당시 역사적 정황 속에서의 기록은 현재 로마가톨릭 교회의 신학을 정확하게 묘사하지 않을 수 있다.

17. 마태복음 6장의 초기 문서는 "나라와……아멘"이 없다.